本书的出版得到了山东省社科规划办公室"日本新一代政治精英与中日关系"
项目的资助和支持，在此谨致以由衷的谢意！

东亚经济文化交流研究
以华南经济圈为例

张云驹 ◎ 著

東アジアにおける経済文化交流
華南経済圏を例に

中国社会科学出版社

图书在版编目（CIP）数据

东亚经济文化交流研究：以华南经济圈为例 / 张云驹著 . —北京：
中国社会科学出版社，2019.11
ISBN 978-7-5203-3972-8

Ⅰ. ①东… Ⅱ. ①张… Ⅲ. ①东亚经济—区域经济发展—研究
②中外关系—文化交流—研究—东亚 Ⅳ. ① F1311.04 ② G125 ③ G131.05

中国版本图书馆 CIP 数据核字（2019）第 021065 号

出 版 人　赵剑英
责任编辑　张　林
责任校对　刘雪林
责任印制　戴　宽

出　　　版　中国社会科学出版社
社　　　址　北京鼓楼西大街甲 158 号
邮　　　编　100720
网　　　址　http://www.csspw.cn
发 行 部　010-84083685
门 市 部　010-84029450
经　　　销　新华书店及其他书店

印刷装订　北京明恒达印务有限公司
版　　　次　2019 年 11 月第 1 版
印　　　次　2019 年 11 月第 1 次印刷

开　　　本　710×1000　1/16
印　　　张　12.75
插　　　页　2
字　　　数　201 千字
定　　　价　76.00 元

目　次

序　章

　　二十世紀百年間の世界経済の諸々の趨勢のなかで、最も大きな変化の一つは東アジアの経済的な台頭であろう。十九世紀後半に世界経済は一つに統合されたとされているが、その時点の世界経済のなかで、東アジア経済全体の規模およびその工業部門の比重からみて、その比率は比較的小さなものに過ぎなかった。ところが、その後の一世紀、とりわけその後半において工業化が急速に進展した結果、現在の東アジアは従来世界経済を主導してきた西欧、北米と並んで世界経済全体の、そして工業のコア地域の一つに変貌している。この巨大な変動は日本、中国、韓国、台湾等、一つの国や地域だけで起こったのではなかった。中国と日本を中心とした東アジア的なスケールで、二十世紀におけるこの地域の経済発展、工業化の進展の特質を探究し、その世界史的な意義について考えるべき課題は多く、その第一は、近代中国における工業の分析を軸にし、通時的な発展過程を解明することである。中国経済史では研究の進展にともない、清代、民国期、計画経済期、改革開放期それぞれの分析は深まってきたにもかかわらず、各時代を通した歴史像の構築や発展の理解についてはいまだ十分な関心が払われていないように思われる。第二は、このような中国の個性的な発展を、東アジア内で隣接している日本を中心とした地域の発展と比較してみることである。計画経済期に両地域の交流が極端に制限された時代があったとはいえ、その前後のほとんどの時代、両地域の社会経済の結びつきはきわめて強く相互に規定し合う関係にあった。さらにさかのぼれば、近代に至るまでの長い時代、この地域は多くの共

通する歴史的条件を抱えていた。戦後の冷戦時代は資本主義世界と社会主義世界という対比が強調されたために、これまで比較史的な認識が弱かったことをふまえ、東アジアにおける経済発展、工業化の過程を意識的に中国経済の変貌と絡んで論じたい。　第三に、東アジアにおいて、急速に発展する工業部門と膨大な人口を擁する農業部門とが並存したことに注目し、両部門の関連性、規定関係に関心を払いたい。

　アジア太平洋地域では、経済のダイナミズムが米国、日本などから投資や貿易を通じて韓国、台湾、香港、シンガポールのアジアＮＩＥｓ群、さらにＡＳＥＡＮ諸国に浸透してきた経緯がある。世界の冷戦構造の崩壊とともに、中国やベトナムなど発展途上国は自国の経済発展を目指し、「改革・開放」政策を実施することによって、外国からの投資を積極的に取り入れ、先進国とのリンケージを強める過程でそのダイナミズムを吸収し、経済発展を図っている。発展途上国は先進国の資本、技術を求め、先進国は発展途上国の労働力、市場を求めるという二つの力の合成が、「地域経済圏」の生成に大きな役割を果たしている。輸出拡大政策のなかで大きな発展を遂げた日本、アジアＮＩＥｓ諸国、地域はアジアにおける大きな成長チャンスを狙って、ＡＳＥＡＮや中国などへの直接投資を積極的に推進し、域内貿易を拡大することによって、経済的相互依存関係を強化している。

　この相互依存関係の進展は、基本的にはアジア太平洋域内諸国・地域の民間企業の自由な経済活動によって促進されている。民間の自由な国際的経済活動のなかで、産業構造の高度化が進でいるで比較劣位化された産業分野を発展途上国に移転され、その過程で相互に輸出を拡大しながら依存関係を深めていくという重層的或いは雁行形態の経済構造が、アジアに形成されつつあった。中国、アジアＮＩＥｓでは近年、かつての労働力過剰から完全雇用ないし労働力不足経済に移行したこと、高貯蓄型経済になったこと、経常収支が黒字になり、資本輸出が可能になったこと、内需の寄与度が高まったことなどの特徴が見られる。中国やアジアＮＩＥｓが資本供給国・地域の仲間入りをしたことはアジアにおける「地域経済圏」の生成に拍車をかけている。アジア太平洋地域の工業化が急速に進んだ結果、経済の「水平分業」が起こ

り、域内で資源の有効利用が進み、局地的な経済協力関係が緊密化した。活発な経済活動は各国、地域で国民の所得向上を促し、地域間経済格差を生み、人的移動を引き起こしている。

　アジアにおける経済圏形成の動きが進んでいるか、可能性を秘めている地域として挙げられてきたのはこれまで「東アジア自由貿易圏」、「華南経済圏」、「バーツ経済圏」、「環黄海経済圏」、「環日本海経済圏」、「北東アジア経済圏」などがある。実態をともなう地域がある一方、構想だけにとどまっている地域もある。このなかに、「華南経済圏」は域内貿易、経済一体化などの面からみて、もっとも現実性を持っている地域経済圏である。「華南経済圏」を研究することによって、東アジアにおける地域経済圏形成の必要条件、進め方を見い出し、地域経済圏論確立の基礎にしようと考え、この研究に着手した。

　「華南経済圏」の形成背景の一つとして、1979年に中国が実施した経済の「改革・開放」政策を挙げられる。中国の「改革・開放」政策は段階別、そして地域別に弾力的に運用されているという特徴がある。しかも、華南沿海部に重点をおいて開始された経緯がある。中国政府はここに経済特区、開放地区を設置、指定し、同時にこの地域に財政、外貨留保などの面で幅広い自主権を与えた。外資系企業に対する税制面の優遇措置を認めるなど、内陸部とは異なった政策を実施した。この「特殊政策、弾力措置」のもとで、華南地域は香港、台湾の経済的活力を導入し、経済を活性化させ、急激な経済成長を遂げた。

　華南地域の経済発展を論ずるには、香港、台湾、東南アジアの華人資本抜きには考えられない。華南地域は「特殊政策・弾力措置」を活用して、外資を導入し、輸出指向型経済を目指してきた。このことが華南地域の経済成長の最大な要因であるとすれば、外資先の中心となった香港、台湾、東南アジアの華人資本に関する分析は欠かせない。中国の「改革・開放」政策の実施によって、華南地域が持つ歴史的、地理的要素、この地域に潜在していた経済の相互補完関係が生かされ、華人系資本を中心とする外資が華南地域で直接投資を行った。外国資本を導入すると同時に、自らの経済改革を行った華南地域は製造業を中心に各産業が大きく発展した。工業生産能力の増大、生

産効率の向上はこの地域に大きな生産力を作り出し、工業製品を中心とする商品の輸出は華南地域の輸出指向型経済を形成する。さらには香港、台湾との経済一体化が進み、一つの経済圏として成立する可能性が出てきた。

　経済圏という概念はもともと同一通貨のもとでの経済地域のことを指している。本書ではあえて異なった政治制度、通貨制度、経済体系の五つの地域を一つの経済圏モデルとして取り挙げることにする。狭義の「華南経済圏」は広東省と香港からなる経済地域或いは「拡大香港」であるが、広義の「華南経済圏」は広東省、香港、台湾、福建省、海南省からなる経済地域のことである。本書でいう「華南経済圏」とは後者を指すものである。

　「華南経済圏」については様々な研究成果がある。しかし、形成背景を冷戦構造の崩壊に求めるもの、実態を香港経済の拡大とするものが中心で、疑問を持たざるをえない。さらに、「華南経済圏」のなかで経済活動を展開する中国系資本に関する研究があまりなされていない。本書はこうした現状を踏まえて、主に華人資本、中国系資本の動きを中心に、「華南経済圏」の形成背景、要因、1980年代の構造転換期における内部経済構造の変化及び「華南経済圏」の経済融合を支える各種企業体の経済活動の実態を検証、分析することを目的とした。

　本書が用いる重要用語の概念をまずはっきりさせておきたい。「華人」：中国以外の国或いは地域に住んでいる中国系の人々は、居住国の国籍を持たずに永住している人は華僑と呼ばれている。居住国の国籍を取得している人は本来はその国の国民であるが、華人と呼ばれている。しかし、海外中国人の呼称は人によって、場合によって変わったりするもので、実に様々であり、曖昧である。本書では、中国国外に定住する中国人、香港人、台湾人も含めて「華人」と規定する。これは地域経済の分析をわかりやすく進める為の単純な分類である。「華人資本」：華人が所有、支配する資本を全部華人資本と規定する。これは他の外国資本と区別するためである。ちなみに中国に進出する外国資本というのは華人資本と他の外国資本の合計である。中国企業の海外現地法人からの投資もこの中に含まれる。これは中国政府の分類法に沿ったものである。

第一章　漢字文化圏としての東アジア

　東アジアとは，地理分野ではパミール高原以東のアジア州の東部地域を指すが，歴史分野でいう「東アジア」の範囲や定義はそれとは同じではない。この東アジアとは，現在の中国の東部を中心としたユーラシア大陸東方の地域を呼ぶものである。その範囲は中国内地を越えて朝鮮半島、日本列島、インドシナ半島北部に広がる一方、モンゴル、チベット、東トルキスタンなど、現在の中国領土の半分以上の地域は含まれない。すなわち、この地域世界としての「東アジア」とは，かつて政治的統合を経験したことがなく、現在の中国、日本、朝鮮、韓国の国土の範囲と一致するわけでもない。ふつう東アジアというと、「同文同種」といった表現や稲作の風景など、共通性を思い浮かべることが多いのではないだろうか。しかし，この東アジアの地理空間は、内陸からの偏西風と南からの季節風とがつくり出す季節の変化と、それによって生み出される多様な生態環境とを特徴としている。主要部を占める中国大陸は秦嶺山脈と淮河を結ぶ線（秦嶺―淮河線）によって二分される。これより北の黄河流域は降水量が少なく乾燥しており、あわや麦などの畑作農業が行われ、より北方、西方、東北方の遊牧民や牧畜、狩猟民族の地域へと連なる。これに対し、季節風の及ぶ秦嶺―淮河線以南では、湿潤、多雨の気候のもとで、稲作農耕が広く行われ、稲作文化を中心とした社会は東シナ海を越えて朝鮮半島、日本列島へと広がっていく。騎馬民族である遊牧勢力と接触する華北がいち早く政治統合の中心となったのに対し、山と川が入り組む華中、華南は複数の河川流域の地域に分かれて、社会、文化を発達させ、

むしろ現在の雲南省、広西チワン族自治区、インドシナ半島北部を経て東南アジアへとつながっていく。そのような見地で、乾燥した華北は中央ユーラシア大陸の東南部という性格を、また湿潤な華中、華南やその外縁の日本列島を含む沿海部、島嶼部は海洋、東南アジアへの延長という性格を持っている。にもかかわらず、華北が中央ユーラシア大陸と、華南が東南アジアと結びつかずに、南北で「中国」を形成したのは、早くから漢字文化とそれによる文書行政がまとまりを与えていたから考えられる。さらにいえば、「東アジア」というまとまりも、気候風土や風俗習慣の共通性ではなく、漢字とそれによって伝えられた制度、文化体系の共有によって形づくられたものであろう。その意味において、東アジア地域とは漢字文化圏であると言える。

第1節　朝貢と冊封

　東アジア地域のまとまりと、そのなかでの日本の位置づけはしばしば「冊封体制」や「朝貢システム」という考え方で説明される。朝貢とは、中国皇帝に対する内外の首長の表敬の手続き、また、冊封とは内外の首長に対する皇帝からの官爵の叙任という。冊封体制とは、この外交手続きを通して、国領外の諸君長を中国皇帝に対する君臣関係下に置く国際秩序をいう。以下の点に注意したい。第1に、〈朝貢―冊封〉は単なる外交手続きにすぎず、実際の支配・従属関係を意味するものではない。第2に、「冊封」関係が恒常的にカバーした範囲はきわめて狭かった。継続的に〈朝貢―冊封〉関係下に包摂されていたのは朝鮮・ベトナムだけで、下って琉球・シャムが加わる程度にすぎない。このことはまた、倭の五王と日明貿易期を除いて冊封を受けなかった日本が決して「孤立」していたのではないということでもある。第3は、〈朝貢―冊封〉という手続きは漢代から清末までつね に行われていたことである。このため、時代を特徴づける指標にならず、冊封関係があるというだけでは「冊封体制」が存在したとはいえない。例えば唐代は、冊封関係を通して律令をはじめとする制度・文化体系が伝播し、近隣各地で国家体制の整備が進んだ。冊封体制の最も典型的な時代とされる。しかし、この時

期の冊封関係の展開は、東方の諸国や後世の日本からみて重要な事象ではあったが、唐にとっては軍事的脅威になるわけでも経済的利得があるわけでもないそれらの国や地域との関係は、優先度の低いものであった。唐の対外政策を規定したのは、つねに北方・西方の中央ユーラシア勢力の動向であり、外交では吐蕃・突厥・ウイグルが最上位に扱われた。冊封は対外関係の一様式にすぎず、そこでは〈朝貢―冊封〉の論理は国際関係の基軸となっていなかった。唐は現実の力関係や国際情勢に応じて多様な関係を使い分けていたのである。このように冊封とは、この時期でさえも、東アジアの国際秩序全体を説明するものではない。国際関係の様式としては重要であるが、実効性を過大評価したり、通時的な体制ととらえたりするべきではない。

　実際の歴史から読み取れる趨勢は、次の二つである。第1は、北方（西方）における中央ユーラシアの諸勢力との対抗関係である。第2は、漢字文化圏の東方（南方）への展開である。前者は中国王朝にとって長く政治・軍事・外交の最重要課題であり続ける一方、日本列島やベトナムでは影響は軽微であり、また後者は逆に朝鮮半島や日本列島への影響は大きかったが、中央ユーラシアに対しては、近代になるまで間接的にとどまった。

　では、東アジア地域のなかでの日本の対外関係をどのようにとらえたらよいだろうか。まず前提として押さえておきたいのは、国家間関係と民間交流の二層がつねにあることである。そのうえでの長期的傾向は1つは「官から民へ」という重心の推移、もう1つはその過程で進行した「政経分離」の趨勢である。とりわけ大きな画期となったのは、九世紀に始まる中国海商の海上進出の本格化と14から16世紀の倭寇の活動である。日本と東アジアの関係というと、まず中国王朝への遣使と見返りの関係が想起されよう。そのハイライトが遣隋使・遣唐使である。それゆえ、九紀末の遣唐使「廃止」はかつては対外交流の低落とみられ、日本文化の形成と結びつけて語られてきた。しかし、そもそも遣唐使とは、中国の制度・文物の移入を目的としたコストを度外視した国営事業であった。目的がひとまず果たされると、巨費を投じ危険をおかしてまで派遣する必要性が低下し、もう1つの目的である舶来品の入手が確保されるならば、もはや必要はなくなる。遣唐使が送られなくな

る九世紀後半とは、まさに中国の民間海商が各地に進出して貿易を牽引するようになった時期であった。無許可の私貿易は禁じられており、また外国が中国王朝と公式な交渉を行おうとする場合は朝貢の手続きをふまなければならなかったが、許可を得て所定の納税をした民間貿易は公認されており、以後これが貿易の主体となっていく。このような状況下、中国海商が日本に渡航して産品や情報をもたらす時代が本格的に到来したのである。日本の対中交流は、遣唐使時代の国営派遣事業が役割を終え、日宋間の民間貿易に移行したのである。「元寇」の印象で語られやすいモンゴル時代の日元関係もまた、民間貿易の拡大という趨勢の延長上にあった。モンゴルの日本遠征のために、公的関係こそ開かれなかったが、日常貿易など経済文化の交流はますますさかんになり、禅僧の来日・渡元にみられるように、人的往来も活発に行われた。もちろん、安全保障上の緊張関係はつねにあり、ときに通交規制、すなわち「海禁」が発動されることもあったが、総じて日元関係は「政経分離」のもとで「政冷経熱」が極度に進んだものだったといえよう。そのような流れを転換させたのが、14世紀の倭寇（前期倭寇）の出現と、その渦中に登場した明王朝であった。倭寇の跳梁に苦慮した明は、民間の海上貿易を禁止し、対外通交を国家間の〈朝貢―冊封〉関係に限定するという厳格な対外関係管理政策を断行した。これが明の海禁＝朝貢体制である。つまり、それまで分離が進んできた国家間関係＝外交と民間交流＝貿易とがリンクさせられ、対外交流が国家間通交に一元化されたのである。これによって、明と貿易するには公的に朝貢を行って冊封を受けなければならなくなったため、日本の足利義満は日明貿易のために朝貢・冊封を受け入れたのである。そのかわり、民間貿易が禁止されたぶん、入貢者は独占的に貿易ができたし、手厚い見返りが用意されたので、日明貿易は巨利が保証された。このように、日明関係は〈朝貢―冊封〉関係にもとづいてスタートしたものの、それは決して通時的な国際秩序を示すものではなく、むしろ明初特有の対外政策に起因したものだったのである。しかし、このような極端な統制策と高コスト体質が永続できるはずもなく、15世紀半ば以降、明の朝貢奨励・優遇策は緊縮に転じ、一方で禁令を破って私貿易が盛行することになる。これが後期倭

寇である。16 世紀は、明の硬直した海禁＝朝貢体制に対し、北方でアルタン、南方で倭寇が商利を求めて実力で規制をうちくずしていった時代であった。1570 年前後に至り、明はついに政策を転換し、朝貢貿易とは別に、税関管理下での民間貿易の復活を認めた。これが互市貿易であり、以後急激に拡大して、貿易の主流となる。明にかわった清も、当初こそきびしい海禁をしていたが、台湾の鄭氏政権を 1683 年に降伏させると、翌年開放策に転じ、以後互市貿易が隆盛した。その方式は、政府が貿易港と居留地を指定し、管理下で民間に貿易を行わせるというものであった。ヨーロッパ商船に対して、1757 年以降広州への入港を指定し、公行に貿易を管理させたのもその一環で、「外国貿易を 1 港に限定した」のではない。一方で、外交関係をもとうとする場合は伝統的な朝貢の手続きが必要だったため、これをきらった日本は政治的関係をもたないまま、長崎に渡航する中国商人と民間貿易を行った。また互市貿易でのイギリスの取引額は急伸していたが、マカートニーが求めた外交交渉は朝貢の論理で拒絶されたのである。このように、日本は冊封関係とほとんどかかわらなかったものの、貿易を中心とした民間の経済文化交流には拡大・安定化の道をたどった。中国王朝もまた、国家間の〈朝貢―冊封〉関係と民間の貿易の並立を前提とし、おおむね後者がのびていったのである。東アジアでの中国と日本の関係は、「政経分離」のもとでの「官から民へ」という流れとして把握できよう。

　東アジアとは、狭義的には中国、日本、朝鮮半島を中心にした国、地域を指す歴史学上の地域的世界の概念である。東アジアにおける古代統一国家の形成時期が、中国では戦国時代から紀元前三世紀ころであるのに対して、日本、朝鮮では七、八世紀以上の遅れがあったが、古代の終末時期では、九世紀前後の中国に比べて三、四世紀の差に縮まり、さらに近世の中国と日本では並行のレベルに追い付いたものと考えられた。つまり東アジアの歴史の発達は早く開けた中国に対して、周辺の地域が古代、中世、近世と経過するにしたがって、時間的な差を縮めていく過程であると理解されている。

　漢字、儒教、仏教、律令などの文化を共有する東アジア地域の歴史は冊封体制という中国の王朝を中心とする国際的政治構造のなかで自己完結的に展

開してきたと言える。冊封とは、中国の皇帝が国内の王侯と同様に周辺諸国の首長に爵位を授け、藩国、外臣として封建することであり、これによって中国の皇帝と被冊封国の首長との間には、前者の保護責任と後者の職約（朝貢、出兵、臣下の礼など）義務といった関係が生ずる。特に唐王朝が滅亡する十世紀までは、冊封体制は古代東アジア世界の国際的政治構造を支えていた。一世紀の倭の奴国は後漢の光武帝から「漢委奴国王」の金印を賜って冊封を受け、三世紀の邪馬台国の女王卑弥呼も、魏から「親魏倭王」の金印を受けて冊封されたと伝えられ、五世紀にも「倭の五王」は南朝にそれぞれ遣使して冊封を受けたとされている。また朝鮮半島でも高句麗、百済、新羅は中国王朝の冊封国である。これら中国の周辺諸民族がいちはやく統一帝国の形成を成し遂げた中国と冊封関係を結び、その体制のなかに編入されたことは古代国家形成の重要な対外的契機として捉えられよう。また中国文化が冊封体制という国際的政治構造を媒介として周辺の東アジア地域に伝わったと言えよう。

　東アジアの国々の間には渤海・黄海・東シナ海・台湾海峡などの海洋が介在する。古来よりこれらの諸国間の経済文化交流はまず船舶に依拠しなければならなかった。しかし、造船技術の発達の程度が諸国間には大いに差異があり、結果的には渡海の頻度において顕著な差が見られた。このなかでも造船技術などが高度に発達していた中国は、もっとも長期にわたり渡海数が多かった。その最大の渡海数を誇っていたのが中国の木造帆船である。中国帆船は海洋を渡り、朝鮮半島や日本へと渡航した。その記録が頻繁に見られるのは朝鮮半島では高麗時代の記録であり、宋の商人が毎年のように中国の華東、華南沿海地域から高麗時代の朝鮮半島へ渡航している。日本へは唐代の中国商人が来航していた記録が知られている。そして、寛平六年（唐乾寧元年、西暦 894 年）九月に菅原道真の要請により遣唐使の派遣廃止を決定して以降の日本から入唐した留学僧達は、ほとんどが中国商人の船で中国へ入っていた。これらの留学僧は帰国時にも中国商人の帆船で日本へ帰り、中国で学んできた最新の学術のみならず、多くの中国の文物や文化をもたらしたのであった。　　明朝になると、中国は海禁政策を堅持したため、中国商人の

渡海は殆ど見られなくなり、商船などの船舶が海域航行することが激減する時代になった。これに対し、鄭和の南海遠征や、朝貢体制のもとで東南アジア諸国の朝貢船の中国来航や日本が明朝へ派遣した遣明船、明朝から琉球へ派遣した冊封船のみが東アジア海域を航行する状況に限定された。ところが、明朝後期になると、海禁が緩和されるとともに私船の横行や倭寇の跋扈となって帆船の航行が頻繁に見られた。これら海賊・倭寇の被害のみが強調されるが、視点を替えれば経済文化交流の一端を担っていたとも言えよう。

第2節　勘合貿易と朱印船

　十三世紀から十六世紀にかけて、朝鮮半島、中国大陸の沿海地域を侵犯、略奪した倭寇（「和寇」とも書く）が厄介な存在であった。高麗は西暦1392年に滅亡したが、この滅亡に至ってしまった原因の一つに倭寇が関係しているとも考えられている。倭寇とは「倭（日本）による侵略」という意味で、中国、朝鮮では日本人海賊を意味するが、元寇の報復説、明に抵抗する勢力による扇動説、藤経光誘殺未遂の報復説、高麗の賤民の関与説など、複数の学説があり、議論の分かれる問題である。倭寇の歴史を大きく見た時に前期倭寇（14世紀前後）と過渡期を経た後期倭寇（16世紀）との二つに分けられる。前期倭寇は主に瀬戸内海、北九州を本拠とした日本人で、一部の高麗人が加わっている。主として朝鮮半島沿岸を活動の舞台として中国沿岸にも及んだが、李氏朝鮮の対馬を中心とする統制貿易、明朝と日本の勘合貿易の発展とともに消滅。高麗王朝の滅亡を早めた一因ともいわれる。後期倭寇は明の海禁政策による懲罰を避けるためマラッカ、シャム、パタニなどに移住した中国人（浙江省、福建省出身者）が多数派で一部に日本人（対馬、壱岐、松浦、五島、薩摩など九州沿岸の出身者）をはじめ、ポルトガル人など諸民族を含んでいたと推測されている。主として東シナ海、南洋方面を活動舞台にしていたが、明の海防の強化と、日本国内を統一した豊臣秀吉の海賊停止令で姿を消した。『明史』には、日本人の倭寇は10人の内3人であり、残り7人はこれに従ったものである（「大抵真倭十之三、従倭者十之七。」）

と記されている。

　中国の明朝は西暦 1368 年に朱元璋によって建国された国である。明が建国されると、国交の開始を近隣諸国に呼びかけ、各国間で外交関係が正常に行うようになった。日本では、室町幕府が成立し、幕府の権力が形成されていった 14 世紀後半は、東アジアの情勢が大きく変化し、新しい国際関係が築かれ始めた頃でもあった。明朝、朝鮮、日本の間に国交がいっそう緊密になっているこの時期に、主に日本の九州や現在の東シナ海（東海）などの島々に根拠地を置く倭寇が暴れまわっていることをめぐって、明も高麗も倭寇を取り締まるよう、日本に要請した。日本も倭寇は取り締まろうとするが、倭寇の根拠地である対馬、壱岐、肥前、松浦地方といった九州の地方は戦乱の真っただ中だったから、日本だけでは取り締まろうと思っても限界がある。そこで、明は倭寇対策として、国王以外には貿易を認めない海禁政策を実施した。いわゆる勘合貿易である。明を訪れる船には明から交付された勘合符という証票を持参することが義務付けられるようになった。勘合符の持参を義務付けることによって、倭寇と正式な貿易船を区別することができるようになった。勘合符とは、明の勘合貿易で用いられた一種の交易許可証で、割符ともいい、明朝が発行した一通を折半して、片方を相手国に交付、割符を所持して来港した船を明側の割符と照合して取引を成立させた。

　勘合貿易は明の洪武帝が採用した朝貢貿易の方式であり、室町幕府と明の間の貿易も勘合貿易の形を取り、1404 年に足利義満と永楽帝の間で開始され、十六世紀半ばまで行われた。勘合貿易は朝貢貿易の一つの形態であり、朝貢国に対し勘合符（割符ともいう）を発行し、それを所持した船とのみ交易を認めるもので、貿易の国家統制のために案出されたものである。

　明の永楽帝の時に室町幕府の足利義満が永楽帝から日本国王に封じられて、冊封体制に入り、明に朝貢する朝貢貿易を行った。明側の狙いは日本との間の正式な貿易を始めることによって、倭寇の活動を抑えることであり、実際、この対策が功を奏し、勘合貿易によって倭寇（前期）の活動はいったん衰えた。

　明朝と日本との間の勘合貿易は第四代将軍足利義持が朝貢形式を嫌って一

時中断されたが、まもなく再開され、1547年まで百数十年の間に18回、貿易船が延べ50隻が派遣された。始めは幕府直営船が派遣されたが、次第に大寺院や大名に勘合符が交付されるようになり、幕府の弱体化に伴い、貿易の実権は堺商人と結んだ細川氏、博多商人と結んだ大内氏という有力守護大名の手に移っていった。西暦1523年、寧波（明州）で両者が衝突して（寧波の乱）一時貿易が中断したが、その後は大内氏が貿易を独占するようになった。明の海禁政策の強化もあって勘合貿易が衰退すると、後期倭寇の活動がまた蘇ったこと後々の話になる。

　勘合貿易での品目を詳しくみると、明の輸出品は銅銭、生糸、綿糸、織物、陶磁器、書籍（仏教経典）、香料などであり、日本の輸出品は銅、硫黄、金、刀剣、漆器、蒔絵などであった。銅銭は洪武通宝、永楽通宝などで、貨幣が鋳造されていなかった日本で広く流通した。この朝貢貿易は関係者に莫大な利益をもたらした。当時の貿易船は千石積み（100トン）前後の大きさであったが、従属国から宗主国への朝貢であるから、関税はなく、義満の使節やその随行者である商人の滞在費など一切の費用は明朝の負担であり、朝貢品に対しては、賜与という名目で、価格以上の代価が支払われたうえ、携えてきた物資の交易も認められたから、一回の渡航で元本の五、六倍の利益があったとされている。[1]

　朱印船は御朱印船ともいい、豊臣秀吉や徳川幕府が出した外国渡航許可の朱印状をもって、東南アジア各地へ渡った貿易船を指す。室町時代に既に九州探題や対馬の宗氏は朝鮮国の倭寇対策に沿って貿易船に「書契」や「文引」を持たせ、琉球渡航船は島津氏の「印判」を必要とした。西暦1584年（天正12）ころの毛利氏の一被官は赤間関（下関）に来航する明の泉州船に通交貿易の安全を約して船印の旗を遣わしている。朱印船制度は統一権力が海賊禁止令を出す一方、在地勢力の個別的な外交貿易を掌中に収め、あわせて国内におけるその地位を国際的に承認させる手段であった。また朱印状を得た渡航者にとっては海上や先々での安全と有利な取引が期待できた。

　豊臣秀吉による西暦1592年（文禄1年）創設説には異論もあるが、1598

---

[1]　寺田隆信『永楽帝』、中公文庫、P 127-132。

年（慶長3年）ころ禅僧の豊光寺承兌が下付事務を担当していたことは事実で、「豊臣」の朱印が押されたらしい。徳川氏はこの制度を受け継ぎ、整備、発展させた。下付希望者は幕府重臣を紹介者として、染筆の謝礼若干を添えて願い出ると、承兌や後任の円光寺元佶、金地院崇伝らが大高檀紙に「自日本、到／（渡航地）船也／右」と下付年月日とを計四行に大書し、徳川家康は「源家康弘忠恕」、秀忠期は「源秀忠」の朱印をそれぞれの面前で押捺し、包紙に申請者名を書いて渡した。一隻一航海につき一通で、貸与や譲渡は許されなかった。

　西暦1604年（慶長9年）から、鎖国により奉書船が廃絶される1635年（寛永12年）までの判明している朱印船の総数は356隻で、下付された者は105人に上っている。渡航地は海禁の中国大陸を避け、頻度順に交趾、シャム、ルソン、安南、カンボジア、高砂（台湾）など、遠きはマラッカ、ジャガタラ、モルッカなどの計19地に及んでいる。寄港地には日本町が形成された。派船者は島津、松浦、有馬、加藤、鍋島などの西国大名10氏、長崎奉行ほかの武士4名、京の角倉、茶屋、大坂の末吉、長崎の末次、高木らの代官的豪商以下、素性不明の者も多い。李旦、華宇、ヤヨウス（ヤン・ヨーステン）、三浦按針、ウィリアム・アダムズらの在留外国人も23人に及ぶ。船は平均200〜300トンの大型船で、洋式の造船、航海術も取り入れ、客貨混載で400人近く乗り込む例もあった。

　一時は海外でヨーロッパ、アジアの外国船を圧したが、国内市場ではポルトガル、中国、オランダ、イギリスなどの諸国人と競合し、幕府の統制強化と相まって、鎖国前には8氏9艘ほどに限られていた。[1]

第3節　長崎貿易

　長崎貿易とは、江戸時代に長崎で行われた貿易のことである。西暦1570年（元亀1年）ポルトガル船が初めて長崎に来航し、翌年から定期的に入港すると、長崎には大村、島原、平戸など周辺各地の商人が来住して町が発展し、

---

　[1]　『岩生成一著『朱印船貿易史の研究』（1958、弘文堂）』を参照。

畿内、江戸などの商人も集まり、ポルトガル貿易の中心地としての地位を確立した。1604年（慶長9年）に長崎来航のポルトガル船に対して行われた糸割符は、この後の貿易統制の端緒となった。長崎商人のなかには、末次平蔵（代官）、荒木宗太郎など、自ら朱印船貿易を営む大商人があり、また小口の資本をポルトガル船に投じた人も多く、その返済をめぐって、たびたびポルトガル人と紛争があった。1635年（寛永12年）日本人の海外渡航がいっさい禁止されると、この投資はますます盛んになり、末次平蔵を中心として、39年にポルトガル船の来航が禁止されるまで続いた。このころ中国船の長崎来航は年間30〜97隻に上り、1641年幕府はオランダ商館の出島移転を命じ、中国人は唐人町にのみ居留を許され、きびしい制限のもとで貿易が行われた。長崎はこの後幕末に至るまで、外国貿易を許される唯一の港となった。貿易の方法には(1)白糸割符法（→糸割符）、(2)相対（あいたい）貿易法、(3)市法売買法、(4)定高貿易法、(5)安政5年（西暦1858年）日蘭和親通商条約と貿易章程の調印後（開国後）の貿易法などの変遷があった。要するに、特定の商人団体に貿易を独占させ、最大の輸入品である生糸を下値に押え、また、金、銀、銅の流出を防ぐことに主眼が置かれた。輸入品は生糸のほか絹織物、砂糖、薬種、雑貨など、輸出品は金、銀、銅、俵物などが中心であった。

　鎖国体制が敷かれて直後、オランダ貿易、中国貿易はともに取引高では最盛期を迎えたが、長くは続かなかった。平戸時代オランダ人は20万斤近くの生糸を輸入していたが、生糸が完全に糸割符商人の支配下に置かれると、5、6万斤しか輸入せず、パンカドpancado（一括購入による価格決定）が行われないインド、ベトナム産の生糸がこれにかわった。また、生糸の価格は毎年秋に決定され、一年間据え置かれたため、中国商人は秋にわずかな生糸をもたらして価格を引き上げ、その後多量に舶載した。この弊害を除くため、西暦1655年（明暦1年）に糸割符は廃止され、相対貿易と呼ばれる自由貿易が行われた。しかし、輸入品の価格は高騰し、銀が大量に流出したので、幕府は西暦1664年（寛文4年）にこれまでオランダ人に禁止していた金の輸出を許可し、金の輸出はやがて輸出品の半分に達した。

　幕府は輸入品の価格を引き下げて、これらの貴金属の流出を防ぐため、西暦1672年市法売買と呼ばれる貿易統制を行った。これはオランダ人、中国人のもたらした品物を五ケ所（長崎、京、堺、大坂、江戸）商人の目利（鑑定人）が評価し、これに基づいて長崎奉行所が決定した価格を通知したうえ、取引を行うもので、先に生糸に行われたパンカドをすべての商品に適用するものであった。また、利益は市法増銀として長崎の諸役人の給料にあてられ、長崎の町にも配分されたので、この制度は長崎の町に多くの利益をもたらした。オランダ人は輸入品の価格が下がり、利益が減少したため、輸入量を減らすことにより価格の引き上げを図ったが、かえって中国船の輸入額を増やすだけで、効果がなかった。

　西暦1685年（貞享2年）に市法売買は廃止され、生糸には糸割符が復活され、その他の商品は相対売買とし、貿易総額の枠が定められた。これは定高貿易と呼ばれ、オランダ船には年額3000貫、中国船には6000貫が割り当てられた。西暦1698年（元禄11年）に長崎会所が設けられ、貿易を統轄し、幕府に運上金を納めることになった。この間、金銀の輸出については規制がしだいに強められ、また、貨幣改鋳によりその質が下落したため、これを補うため、オランダ人、中国人の銅輸出がしだいに増加した。とくに、西暦1696年に銅の代物替制度が始まり、金銀にかわる貿易決済手段として銅が公式に認められると、銅の輸出額は急激に増加し、年間800万〜900万斤に達した。当初銅の集荷は江戸の商人伏見屋四郎兵衛、桔梗屋又八などに運上金上納を条件に請け負わせたが、大坂の銅吹屋（鋳造人）の協力が得られないため行き詰まり、西暦1701年大坂に銅座が設置されて、輸出銅の集荷にあたった。また、中国向けの輸出として、銀2000貫目の俵物、干鮑、煎海鼠、鱶鰭、諸色、（昆布、鰯、鶏冠草などの代物替が認められ、長崎問屋がその集荷にあたった。

　銅の需要の急激な増加は各地の銅山をたちまち枯渇させ、また、輸入品の価格を引き下げるため、長崎輸出銅の価格は市価より非常に安く据え置かれたので、銅の集荷はつねに困難を極めた。俵物も問屋にかわって俵物役所による直仕入れ制となったが、価格が不当に安いため、漁民の生産意欲を減退

させ、輸出品の確保がむずかしかった。輸出品が不足しているため、オランダ船、中国船の取引は進まず、期限を過ぎても船が出帆できず、貨物を積み戻すこともあり、他方、輸入品の価格は騰貴し、抜荷（密貿易）も頻発した。西暦1715年（正徳5年）「正徳新例」（海舶互市新例）が発布され、金銀の流出を防止し、銅の取引額を実情にあわせて制限し、中国船は出帆地別に船数と取引高を規制した。

　その後も貿易額の制限はたびたび行われたが、生糸、絹織物、薬種、砂糖などの奢侈品を輸入し、貴金属が流出するという貿易の構造は江戸時代を通じて変わらず、新井白石らの貿易無用論がおこった。[1]

---

① 『矢野仁一著『長崎市史－通航貿易編東洋諸国部』(1938、長崎市)、箭内健次著『長崎』(1959、至文堂)、山脇悌二郎著『長崎の唐人貿易』(1959、吉川弘文館)』を参照。

第二章　東アジアの経済発展と華人資本

東アジアに活躍する中国商人は古き古代から多く存在した。例えば、海商などはそういう存在であった。海商とは、海船を使った海上貿易、海上輸送などの経済活動に従事する商人のことで、主に中国商人を意味している。中国では古来からシルクロードなどを利用した陸上交通が主であったが、時代が下ると海路を使った交易も行われ、唐代には海商が出現する。海外交易が活発になると税関にあたる市舶司が設置され、海商の活動は制限された。日本においても活動し、西暦 845 年に遣唐使が停止されると僧などの留学生を便乗させて中国へ渡航、帰国させる活動も行った。さらには、後期倭寇の頭目でもある王鋥（王直または汪直ともいう）も明代の海商の一人で、徽王や老船主とも称された。どのように評価されるかはともかく、各時代に活躍した中国人商人は東アジア地域の経済文化交流に一役を担ったこと否めないであろう。現在でも、世界各地に華人系資本が現地に根を下ろしながらも東アジアを中心にその経済活動を展開している。

第1節　東アジアの華人資本

近代以降、特に第二次世界大戦後の長い間、アジアは経済的に停滞していると言われ続けてきた。しかし、1970 年代後半に一部の国・地域を突破口にアジアの経済成長が始まり、1990 年代に入ってもアジア諸国は持続的で、高い成長率を維持している。仮にこのまま経済成長を続けば、21 世紀は「ア

ジアの世紀」になる可能性が高いであろう。アジア成長の「牽引車」の一つとして巨大な国土、人口、市場を持つ中国が挙げられる。もっと具体的に言えば、中国人、華人である。一説によると、現在世界に居住する華人（香港、台湾を除く）は 2,500 万人、そのうち約 80％は東南アジア居住者である。しかし、これは断片的な資料を寄せ集めた推計値でしかないが[1]、実際の華人人口を正確に捉えるのは難しい実態の中、華人人口については様々な断片的な資料を寄せ集めて推計するしかなく、それでおおよその傾向を掴むしかない。表 1－1 は A S E A N 諸国の総人口と華人人口を示したものである。華人人口（推定）の多い順にタイの 598 万、インドネシアの 577 万、マレーシアの 550 万（1993年）、続いてシンガポールの 231 万、フィリピンの 105 万人である。ただ、上位 3 国のうち、マレーシアも 1995 年には約 600 万人になっていると

表 2－1　東南アジア諸国の国民人口と華人人口

単位：人

	年度	国民人口	華人人口	比率（%）
タイ	1995	5,980 万	598 万（推定）	10%（推定）
フィリピン	1995	7,027 万	105 万（推定）	1.5%（推定）
マレーシア	1995	2,010 万	550 万（1993 年）	29%
シンガポール	1995	299 万	231 万	77%
インドネシア	1994	19,220 万	577 万（推定 ）	3%（推定）

（出所）岩崎育夫『華人資本の政治経済学』東洋経済新報社, 1997 年, 33 頁

　思われ、三国の華人人口はほぼ同じと言っていいと思う。

　一般的に華人といっても、華人社会は実際は二重構造になっているのが現状で、大きく二つのグループに分けることができる。一つのグループが、ごく一部の華人で、各居住国の工業化時代に様々なルートを通じてビジネスを生成、発展させ、世界の人々が注目するような企業基盤を居住国経済に築き、それをテコにアジアや世界各国に投資して、多国籍巨大企業を持つことに成功した。勿論、人数的にはごく小数でしかない。もう一つのグループが一般華人で普通の経済活動を行う人々である。彼らは各国に現地化？土着化して、サラリーマン、小ビジネスマン、労働者、農民として働く普通の人達である。本論文でいう

華人資本は前者が持つ資本であることをここにまずことわっておきたい。

　現代の華人資本は各国特に東南アジア諸国で巨大な経済基盤を作り、多角的な企業グループを形成してきた。この国内基盤を足場にアジアや世界市場に向けた華々しい海外投資を展開していることは注目される一番の理由である。投資分野との関連を見ると、大きく二つに類型することができる。一つは「国内産業延長型」で、国内で生成？発展し、基盤を持つ中核業種を延長的に海外市場に投資するものである。例えば、デパート事業で発展した企業が、近隣諸国やアジア地域にデパートなど小売り網を拡張するのがこれに該当し、このタイプは長期的視野や熟知する事業戦略に基づいて海外投資を展開している。もう一つは、「無関係業種投資型」で、国内の主軸事業とは全く関係のない産業分野に新たに投資するものである。前述の例で言うと、デパート事業で儲かった資金を海外にデパートを開店するのではなく、不動産を買ったり、証券投資をするのがそれである。この場合、海外投資は国内事業の延長ではなく、短期間の利益獲得や業種の多角化・分散化が狙いである。それでは、華人資本の海外投資はどちらが多いかという問題が出てくる。それを示す資料はないが、表１－２はその一端を示してくれる。シンガポールを例に、海外でどの業種に投資し

表２－２　企業数で見た国内産業と海外投資産業との関連（シンガポール）

国内産業	海外投資産業							
	製造業	建設	商業	輸送	金融	不動産	その他	合計
製造業	536	16	166	6	57	15	39	835
建設	5	41	2	0	12	2	10	72
商業	139	1	447	10	39	20	28	684
輸送	15	0	12	116	22	11	10	186
金融	156	15	181	28	382	75	136	973
不動産	11	2	13	0	36	76	4	142
その他	45	5	43	1	17	2	169	282
合　計	907	80	864	161	565	201	396	3,174
備　考	その他の中にビジネスサービスが含まれる。							

（出所）岩崎育夫『華人資本の政治経済学』東洋経済新報社，1997年，122頁

　たかの相関関係を見たものである。これにも外国資本と政府資本が含まれており、おおよその傾向を読むと言う限定付きになるが、製造業企業は海外でも製造業分野、金融企業は金融分野というように国内産業延長型の投資が多いことである。これは現代華人資本の海外投資が一般に言われているように、単に短期的な利益を狙って不動産、証券などに投資するものではないことを証明しているように思う。とは言え、製造業が商業、金融、不動産に投資する無関係型投資もあり、特に最初の段階では確かに短期間で投資を回収できるように各企業が工夫することが多いことも事実である。華人資本の海外投資パターンをさらに細分化すると、以下の四種類がある。「海外シフト型」、「東南アジア基盤型」、「投機的投資型」、「中小企業ベンチャービジネス型」の四種類がある。また、海外投資の理由は主に三つを挙げられる。「資本膨張説」、「資本逃避説」、「故郷投資説」である。これに関しては後に第四章で詳しく分析することにしよう。

　世界経済の中で、アジア太平洋地域においては経済ダイナミズムの波が中心地域である米国、日本から韓国、台湾、香港、シンガポールのアジアNIEs群へ、さらにASEAN諸国へと波及しつつある。また、世界の冷戦構造の崩壊とともに、中国やベトナムなど社会主義国も「改革・開放」政策を展開しながら追いかけるという「重層的追跡構造」の状況にある。中国やベトナムは周辺諸国、地域とのリンケージを強める過程でそのダイナミズムを吸収し、経済発展を目指している。他方、周辺諸国・地域は自らの経済的活動の場を市場経済化を推し進めるアジア社会主義国にも求めるという二つの力の合成が、「地域経済圏」生成に大きな役割を果たしている。日本をはじめ、輸出拡大政策の中で大きな発展を遂げたアジアNIEsの民間企業はアジアにおける大きな成長のチャンスを狙って、ASEANや中国への直接投資を積極的に推進し、域内貿易を拡大することによって、経済的相互依存関係が強化されている。このような関係強化の主役を務めているのは華人資本である。

　この相互依存関係の進展は、基本的にはアジア太平洋域内諸国・地域の企業家の自由な経済活動によって形成されたものである。民間の自由な国際的

経済活動の中で、産業構造の高度化が進み、比較劣位化された産業分野を他の国？地域が代替し、相互に輸出を拡大しながら依存関係を深めていくという重層的な経済構造がいま、アジアに形成されつつある。アジアNIEsでは近年、かつての労働力過剰から完全雇用ないし労働力不足経済に移行したこと、高貯蓄型経済になったこと、経常収支が黒字になり、資本輸出が可能になったこと、内需の寄与度が高まったことなどの特徴が見られる。[2] このアジアNIEsが資本供給国・地域の仲間入りをしたことは、アジアにおける「地域経済圏」の生成に拍車をかけている。アジア太平洋地域の工業化が急速に進む中で「水平分業」を引き起こし、域内で資源の有効利用が進み、局地的に経済協力関係が緊密化することで、一部の「停滞するアジア」をも巻き込んで「経済圏」が醸成されようとしている。そこでは、活発な経済活動が所得向上を促し、経済格差が人的移動を引き起こし、また、より安い労賃や新しい市場を求めて資本が積極的に移転していくことが随所にみられる。

　アジアにおける経済圏生成の動きが進んでいるか、またはその可能性が秘めている地域として挙げられているのは「華南経済圏[3]」、「バーツ経済圏」、「環黄海経済圏」、「環日本海経済圏」、「北東アジア経済圏」などの名称で呼ばれ、地域的に重複しているところもある。実態を伴ったところもある反面、構想だけで終わっているところもある。

　中国が1978年12月の中国共産党第11期3中全会において、「改革・開放」政策を実施するという歴史的な方針転換をし、「経済特別区」を中心に諸外国？地域から資本や技術を積極的に受け入れ、外部のダイナミズムと結びついて大きな経済発展を遂げた。

　「改革開放」政策の実施によって、香港、台湾のモノ、ヒト、マネー、テクノロジーは、当初は慎重だったが、80年代の後半には急速に広東省、福建省に集中的に進出を開始した。「特殊政策・弾力措置」のもとで、中国経済の中でもっとも激しい流動化を見せた広東・福建両省の経済は香港と台湾の経済的活力を導入したことにより、一段と活発化した。

　華南地域には、中央政府から特別に与えられた「特殊政策、柔軟措置」に

よって「委託加工生産」や合弁企業などの設立が多く見られ、それらを通じて、対外貿易の増加率が著しく伸びた。中国では 1979 年から 1991 年までの国民総生産（ＧＮＰ）の年平均成長率が 8.7％という高率を記録したが、なかでも華南地域の成長率が高い。広東省の 1980 年〜 1990 年のＧＮＰ年平均成長率は 12.3％で全国第 1 位になり、福建省も 10.4％となっている。中国経済発展の牽引的な役割を担う華南地域は、香港、台湾との経済関係が密接であり、直接投資や貿易の伸びが顕著である。華南地域の経済は華人資本に多く支えられて発展してきたと見ることができよう。

第2節　中国華南三省への外国投資

　1、対中国直接投資の状況。中国でいう外資は、全国各級政府部門、企業及びその他の経済組織が対外借款、外国直接投資、その他の方式で調達する中国国外の資金、設備、技術のことである。対外借款は外国政府、国際金融組織による融資、外国銀行による商業融資、輸出クレジット及び外国資本市場での債券、株式発行などで調達する資金が含まれる。外国直接投資は外国企業、経済組織または個人（華人資本及び中国系国外現地法人）が中国の政策、法規に基づく現金、現物、技術を用いて中国国内に設立する外国資本独資企業、中国国内企業または経済組織と共同経営する合弁企業（中外合資経営企業）、合作経営企業または共同資源開発に対する投資（外国資本の投資収益による再投資も含む）、政府が許可したプロジェクト投資総額の内に企業が外国から借り入れた資金のことを指している。ここでは、外国直接投資をみることにする。（表 1 − 3）

　中国が 1979 年 7 月に「中外合資経営企業法」を公布して以降、直接投資の契約件数は伸び悩んだ。合弁、合作、独資の三資企業と共同開発の累計契約件数は、1983 年末に 1,392 件、金額にして 63 億 4,000 万米ドルであった。その後「合弁法実施細則」の公布や関係法令の整備、投資環境の改善が図られ、中国の「改革・開放」政策による経済活性化と結びついて、件数、投資金額ともに急増した。しかし、それも長くは続かず、1986 年には対前年比

で件数、投資金額ともに半減している。その原因としては、中国がアジアの他の国々と比べて、法律の整備が不十分であり、中国の将来や直接投資の手続きと運用面での不透明さが目立ち、またエネルギー不足や運輸、通信などインフラにおいても未整備なところが改めて問直されるなど、投資環境に内在する諸問題が露呈したためである。さらにこの間、中国側からホテルなどサービス部門への投資を抑制する措置が取られたことも大幅減の要因の一つである。

　そこで中国政府は 1986 年 10 月 11 日に「外国投資者の投資奨励に関する規定」を公布し、製品輸出型や先進技術型企業への直接投資に対して、税制面などで優遇することにした。さらに、従業員の採用や賃金、運転資金や外貨の管理、企業コストの低減、各種審査基準や手続き規定の明確化などを定めた実施細則を公布した。また、直接投資企業の審査と許認可権限を各省、直轄市、自治区、経済特別区や計画単列都市 (4) など地方政府や機関に移管することにした。その権限の適用範囲は、沿海開放地区（北京、上海、天津の 3 直轄市、広東、福建、江蘇、浙江、遼寧、山東、河北、海南の 8 省と広西チワン族自治区）では、1 件あたり 3,000 万米ドル以下、その他の地区と計画単列都市、国務院関係部、委員会では、自主裁量権限が 1,000 万米ドルにまで引き上げられた (5)。

　中国における投資環境が改善されるとともに、国際的な産業構造調整、それまで有望な投資先であったアジア NIEs や ASEAN 各国の賃金上昇など外部環境の変化も重なり、対中国直接投資は 1987 年、とりわけ 88 年を機に顕著に拡大過程に入ったのである。1987 年の直接投資契約金額は、対前年比 31％増の 37 億 1,000 万米ドル、88 年は 42.8％増の 53 億米ドルとなる。

　しかし、1989 年には、中国が 1988 年秋以降に着手した「整理・整頓」という経済調整のために金融が引き締められ、さらに 6 月 4 日の「天安門事件」で、経済改革と対外開放政策を積極的に推進してきた趙紫陽総書記が失脚するなどの影響により、対中国直接投資は同年前半は大きな伸びを見せたものの、後半は落ち込んだ。そのため、年間契約件数は対前年比 2.8％減の 5,779 件となり、投資契約金額は製造業分野での大型投資案件が成約を

みたこともあって、同 5.7％増の 56 億米ドルであった。

　1990 年 4 月の合弁法改正では、一部の業種においては合弁期間の法定制限が廃止された。また、外資側が董事長（合弁企業の代表者）に就任することが可能になった。独資企業についても「外資企業法実施細則」が制定され、法的な枠組が明確にされた。91 年には三資企

表 2 － 3　中国の外資利用状況

金額単位：億米ドル　件数単位：件

年　度	合　計		対外借款		直接投資		その他
	件数	金額	件数	金額	件数	金額	投資額
1979-1983	1,471	239.78	78	150.62	1,392	77.42	11.74
1984	1,894	47.91	38	19.16	1,856	26.51	2.24
契　1985	3,145	98.67	72	35.34	3,073	59.32	4.01
約　1986	1,551	117.37	53	84.07	1,498	28.34	4.96
ベ　1987	2,289	121.36	56	78.17	2,233	37.09	6.10
｜　1988	6,063	160.04	118	98.13	5,945	52.97	8.94
ス　1989	5,909	114.79	130	51.85	5,779	56.00	6.94
1990	7,371	120.86	98	50.99	7,273	65.96	3.91
1991	13,086	195.83	108	71.61	12,978	119.77	4.45
1992	48,858	694.39	94	107.03	48,764	581.24	6.12
1993	83,595	1232.73	158	113.06	83,437	1114.36	5.31
1994	47,646	937.56	97	106.68	47,549	826.80	4.08
1995	37,184	1032.95	173	112.88	37,011	912.82	6.35
1979-1983	144.38		117.55		18.02		8.81
1984	27.05		12.86		12.58		1.61

続表

年　度	合　計		対外借款		直接投資		その他
	件数	金額	件数	金額	件数	金額	投資額
1985	46.47		26.88		16.61		2.98
実　　1986	72.85		50.14		18.74		3.70
行　　1987	84.52		58.05		23.14		3.33
ベ　　1988	102.26		64.87		31.94		5.45
｜　　1989	100.59		62.86		33.92		3.81
ス　　1990	102.89		65.34		34.87		2.68
1991	115.54		68.88		43.66		3.00
1992	192.02		79.11		110.07		2.84
1993	389.60		111.89		275.15		2.56
1994	432.13		92.67		337.67		1.79
1995	481.33		103.27		375.21		2.85

（出所）『中国統計年鑑』1996 年版（中国統計出版社）により作成

　業の税制が一本化され、破産制度も導入された。破産制度は投資家の
　有限責任を明確にするとともに人民法院（裁判所）を通じた解散であるた
め、従来の行政上の認可機関の承認が不要となった訳である。
　　投資環境の整備がさらに進むなかで、1990 年の対中直接投資は、契約件
数が対前年比 25.9％増の 7,273 件、投資金額は同 17.3％増の 66 億米ドル
となった。なかでも独資企業の伸びが著しい。90 年末まで独資企業の累計
契約件数は 3,385 件であり、その投資契約金額は 55 億 5,000 万米ドルで
ある。
　　1991 年に認可された外資系企業の投資契約金額は 119 億 8,000 万米ドル
である。内訳は、合弁企業が 8,395 件で、60 億 8,000 万米ドル、総投資
契約金額の 50.8％を占めた。また合作企業が 1,778 件で、21 億 4,000 万

米ドルで同 17.8％のシェアとなり、独資企業が 2,795 件で、36 億 7,000万米ドルで同 30.6％であり、資源などの共同開発が 10 件で金額が 9,199万米ドルに達し、0.8％となっている。（表 2 − 4 参照）

表 2 − 4　形態別対中直接投資の動向

単位：億米ドル

年度	合弁企業		合作企業		独資企業		資源共同開発	
	件数	金額	件数	金額	件数	金額	件数	金額
1985	1,412	2,029	1,611	3,496	46	45	4	359
1989	3,659	2,659	1,179	1,083	931	1,654	10	204
1990	4,091	2,704	1,317	1,254	1,860	2,444	5	194
1991	8,395	6,080	1,778	2,138	2,795	3,667	10	92
1992	8,602	6,329	1,855	3,731	2,607	4,414	5	60
	累計	シェア	累計	シェア	累計	シェア	累計	シェア
1992 末	33,286	60.4％	12,994	23.5％	8,787	15.9％	79	0.1％

（出所）中国対外経済貿易部資料により作成

　1991 年の対中直接投資を業種別にみると、製造業分野への投資金額が 96億と 2,000 万米ドル（対前年比 25％増）で全体の 80.3％を占めている。製造業分野のなかでももっとも大きな金額を占めたのは繊維産業の 8 億 5,700 万米ドルで全体の 7.2％、次いで電子・通信設備製造業の 7 億 7,000 万米ドル（対前年比 28％増）、シェアが 6.4％で、機械製造業の 6 億 4,000 万米ドル（同 1.6 倍）、同 5.3％、電気機械器具材料製造業の 5 億 5,000 万米ドル（同 2 倍）、同 4.6％、化学工業 5 億米ドル（同 62.9％増）、同 4.2％の順である。

　このほか、農林牧、畜産、漁業、水利分野への投資が 2 億 2,000 万米ドル

表 2 － 5　地方別直接投資契約の動向

契約額単位：百万米ドル

年度 省？市	1985	1989	1990	1991	1992 (1-6)	198592.6 月末累計　シェア
件数	1,724	2,438	3,042	4,544	3,547	20,05138.7%
広東省金額	2,198	2,438	2,690	4,905	6,046	22,64639.8%
件数	395	872	1,043	1,219	973	5,63910.9%
福建省金額	377	903	1,162	1,449	1,551	6,08810.7%
件数	96	199	201	263	499	1,6163.1%
上海市金額	771	360	375	431	837	3,7486.6%
件数	47	277	393	1,138	1,830	4,0567.8%
江蘇省金額	118	193	286	737	1,296	3,0525.4%
件数	31	240	366	801	980	2,7105.2%
山東省金額	100	179	233	655	976	2,4914.4%
件数	71	271	371	575	554	2,2194.3%
遼寧省金額	254	301	494	540	458	2,4204.3%
件数	83	185	241	727	723	2,2424.3%
北京市金額	379	79	118	286	262	2,3114.1%
件数	—	375	252	470	435	1,9733.8%
海南省金額	—	267	129	420	399	1,4852.6%
件数	88	97	129	354	417	1,2782.5%
天津市金額	69	85	132	197	488	1,1892.1%
件数	55	184	294	585	517	1,8553.6%
浙江省金額	45	84	133	317	330	1,1041.9%
中国件数	3,073	5,779	7,273	12,978	13,069	51,848100%
合計金額	6,333	5,600	6,596	11,977	14,533	56,879100%

注：海南省は1987年までは広東省に計上、1991年は対外経済貿易部資料

（出所）『中国対外経済貿易年鑑』各年版により作成

　（対前年比 76.3％減）で全体の 1.8％のシェアであり、不動産、公共サービス業が 15 億米ドル（同 2.3 倍）で同 15.6％、商業・飲料食品販売・倉庫業が 1 億 3,000 万米ドル（同 63.4％増）で同 1.5％、建築業が 1 億 3,000 万米ドル（同 25.5 減）で同 1.1％、交通運輸・通信業が 9,500 万米ドル（同 1.6 倍）で同 0.8％を占めた。

　地方別直接投資契約状況は、表 1－5 にみる通りである。広東省が毎年件数、契約金額ともに第 1 位で、1992 年 6 月末までの累計契約件数は全国 1 位で全体の 38.7％で、金額は同 39.8％を占めている。例えば、1991 年の広東省に対する外国直接投資の契約金額は、対前年比 82.9％増の 49 億米ドルである。福建省の投資金額は対前年比 24.7％増の 14 億 5,000 万米ドルで第 2 位となり、次いで江蘇省、山東省、遼寧省、上海市の順である。　中国が「改革・開放」政策を実施して以来、外国による直接投資は一貫して沿海部に集中して行われてきた。そのなかでも、広東省、福建省の両省が中心である。特に広東省は全体の約 4 割を占めていて、2 位の福建省を大きく引き離している。現在においては、政策面での優位性は依然沿海部が有利な状況が続いているが、沿海部の省・市では地価の高騰や賃金の上昇などコスト高の問題が深刻化している。にもかかわらず、1995 年末までの統計をみる限り、広東省に対する外国直接投資は 102 億 6,011 万米ドルで、2 位福建省の 40 億 4,390 万米ドルを 60 億も上回っている（6）。外国資本による直接投資は、沿海部中心特に広東省に集中しているという構図は、既に定着しているように思う。これには政策以外にも多くの事情に起因しているが、これら地域の努力によるところが大きいことはまず間違いない。

　中国が直接投資の導入を開始した 1979 年から 91 年末までの累計契約件数は 4 万 2,027 件で、契約投資金額は 523 億 3,800 万米ドルである。うち使用済み外資は 233 億 4,700 万米ドルである。内訳は合弁企業が 2 万 4,684 件（シェア 58.7％）、投資契約金額 213 億 2,700 万米ドル（同 40.8％）、使用済み外資 114 億 9,500 万米ドル（同 49.2％）で、合作企業は同じく 1 万 1,089 件（同 26.4％）、183 億 6,00 万ドル（同 35％）、61 億 9,200 万米ドル、独資企業は 6,180 件（同 14.7％）、92 億 8,900 万（同 17.7％）、25 億 6,

700 万米ドル（同 11%）、また、共同開発は 74 件（同 0.2%）、34 億 1，600 万米ドル（同 6.5%）、30 億 9，300 万米ドル（同 13.3%）となった。

　1992 年 6 月末までの対中直接投資の国？地域別動向を契約ペースでまとめたのは表 1 － 6 である。1991 年末の累計でも香港（マカオ）が圧倒的な第 1 位であり、契約件数が 3 万 1,387 件、投資金額が 326 億 4,900 万米ドル、うち使用済み金額は 215 億 3，300 万米ドルで、それぞれ全体の 74.7%、62.4%、92.2%のシェアを占めている。投資契約金額の第 2 位は米国の 47 億 2,500 万米ドル（シェア 9%）で、日本は 3 位の 38 億 2,00 万米ドル（同 7.3%）、4 位の台湾は 29 億 2,900 万米ドル（同 5.6%）である。5 位ドイツの 10 億 7,900 万米ドル（同 2.1%）の順になっている。第 1 位から 5 位までの契約件数の合計は 3 万 9,003 件で全体の 92.8%、投資金額は 451 億 8,400 万米ドルで同じく 86.3%を占めている。

表 2 － 6　国・地域別対直接投資の動向

金額単位：億米ドル　件数単位：件

年度 項目 国？地域	1989	1990	1991	1992 6 月末統計
	件数金額	件数金額	件数金額	件数金額
香港？マカオ	4,24432.44	5,00139.43	8,87975.07	40,091427.0
米国	2766.41	3573.58	6945.48	2,81955.35
日本	2944.39	3414.57	5998.12	2,46046.28
台湾	－	－	1,73513.89	5,30642.49
ドイツ	191.49	130.46	245.58	15211.15
シンガポール	781.11	721.03	1691.55	82411.15
英国	190.32	231.19	361.32	1718.65
フランス	111.09	160.12	240.10	1394.97
タイ	300.57	280.42	521.08	2704.35
韓国	10.001	50.015	2301.37	4643.10
全世界合計	5,77956.00	7,27365.96	12,978119.8	55,096668.7
備考	数字の和が合計数字と一致しない場合がある。			

（出所）中国対外経済貿易部資料により作成

　日本の対中投資は、1991 年末までの契約件数の累計が 1，889 件で全体の
4.5％を占めており、香港（マカオ）や台湾の 3，604 件、米国の 2，004 件
に次ぐものである。日本の対中直接投資は 1988 年の 237 件、金額 2 億 8，
000 万米ドルから 89 年には 294 件、金額 4 億 4，000 万米ドル、さらに 90
年は 341 件、金額 4 億 6，000 万米ドル、そして 91 年は 599 件で金額 8 億 1，
000 万ドルへと順調に拡大している。1992 年の上半期では件数が 571 件、投
資金額は対前年比 3.2 倍の 8 億 2，600 万米ドルである。同年は日本企業の
対中国投資ブームが起こった年でもあった。

　中国対外貿易経済合作部（前対外経済貿易部）の発表によると、1997 年
上半期に認可された外資系企業が 9，763 社で、前年同期比 30.57％減少し
た。外資契約額は 229.34 億米ドルで、49.56％と半減した。ただし、外資実
行額は 5.35％増の 207.21 億米ドルであった。認可された外資系企業のうち、
合弁企業が 4，241 社（全体の 43％）で、合作企業は 1，101 社（同 11％）、
100％外資の独資企業は 4，417 社（同 45％）で、はじめて合弁企業を上回
った。これにより累計では、企業数は合計 293，556 社で、外資契約額は 4，
922.59 億米ドル、実行額は 1，979.38 億米ドルであり、外資系企業の年間
認可数は 93 年の 83，000 社余りをピークに下降している。実行額も 96 年に
417 億米ドルを記録したものの伸び率で最低となった。

表 2 － 7　中国の外資系企業認可数

年度	認可件数件	外資契約額 億米ドル	外資実行額 億米ドル	平均契約額 万米ドル
1993	83，437	1，114.36	275.15	133.56
1994	47，549	826.80	337.67	173.88
1995	37，011	912.82	375.21	246.63
1996	24，566	732.76	417.26	298.40
1997 16 月	9，763	229.39	207.21	234.91

（出所）日本国際貿易促進協会「国際貿易」1997 年 8 月 12 日号をもとに作成

　中国は 1995 年 6 月に外資系企業が認可件数で 22 万件を超えた時点で、「投
資指導リスト」を公表し、外資をインフラ建設、ハイテク技術、新技術？新

設備などに誘導していく方針を打ち出した。これ以降、労働集約型で輸出が伴わないものや不動産投資などの項目が減少、変わって大企業による大型投資が増加してきた。1997年5月までの1億米ドルを超える案件が8件、契約額は17.2億米ドルと昨年同期の4.7倍である。対外貿易経済合作部は、外資利用政策に基づく必要な税制の調整をしたこと、ここ3年間金融引き締め政策により固定資産投資規模が圧縮されたことなどを挙げ、減少は正常なものとの見解を示している。95年から96年の外資系企業の契約履行状況調査では、既に終了または中止をした企業は21,000社あり、経営条件が備わらず終了または中止となったものは38,000社ある。このため、外資系企業の正確な数は約23万社で、現在実際に開業しているのは14,5000社である。

　2、広東省に集中する香港企業。対中国直接投資は、いうまでもなく沿海地域に集中している。なかでも広東省と福建省を中心とする華南地域、上海市や江蘇省を中心とする華東地域、遼寧省、山東省を中心とする勃海地域が比較的に多いとされている。これらのうち上位の5省？市は、契約件数でも投資金額でも、全国の約三分の二を占めている。投資対象地域の第1位は広東省であり、中国全体の40%弱を占めている。またその投資金額の80%（7）は香港からのものである。

　広東省は中国の「改革・開放」政策の最前線にあり、五つの経済特別区のうち、深圳、珠海、汕頭の三つを抱えている。近年、香港との経済一体化が進み、福建省、海南省、台湾との経済圏形成に注目されている。これは、香港と広東省のいわゆる「拡大香港」、さらに台湾、福建省を中心とする「両岸経済圏」が中心となる経済圏というものである。華南地域は80年代に急速に発展してきた。中央政府から指定された「改革・開放」政策の実験地域として、加工貿易の輸出指向型経済を形成できたことが最大の要因であろう。香港、台湾の経済ダイナミズムと結びつくことによって、経済が大きく成長したのである。「改革・開放」政策を実施される前の広東省の経済状況は決して良いとはいえなかったが、中央政府から与えられた「特殊政策・柔軟措置」の活用して、全国平均値を大きく上回る経済成長を達成した。

　1978年までの広東省は、一人当たりＧＤＰが全国平均を下回っていたが、

91年のそれが平均値を約60％を上回るまで上昇している。このような広東省の経済発展は「改革・開放」政策下で自主権をフルに行使し、香港に隣接する地理的な優位性を発揮する形で実現されたものである。委託加工や直接投資が増加するなかで、加工貿易型の輸出主導経済を形成できたことに大きな要因がある。　広東省は1980年に深圳、珠海、汕頭の3地域が経済特別区に指定され、同時に外資利用における許認可権限も拡大された。さらにその権限が市、県レベルに委譲されることになり、84年は広州市、甚江市が沿海開放都市の指定を受け、ここに経済技術開発区の設立が認められた。85年には、珠江デルタ地域が開放地区となり、これらの地域に対して一連の優遇政策も付与された。

　1979年から90年の12年間に、広東省は合計123億5,000万米ドルの外資を利用した。そのうち外国企業の直接投資は約65億7,000万米ドルである。85年以前は投資環境が未整備で、外国企業の直接投資は主として外貨収入の得やすいホテルやレストランなど第3次産業に集中していた。また「三来一補」の短期投資が比較的に多かった。しかし85年以降は投資環境が徐々に整備され、香港、台湾からの労働集約型産業の移転が進展するに伴い、次第に製造業分野を中心に直接投資が増加していった。

　1990年までの合弁企業、合作企業、独資企業のいわゆる三資企業への投資はおよそ1万2,000社となり、「三来一補」企業は1万8,000社まで増加した。それらは広東省のなかでもとりわけ珠江デルタ地域に集中している。広東省への直接投資のうち香港が件数では約9割、契約金額では8割のシェアを占めている。また、これら三資企業の製品の大部分は香港向けに輸出され、広東省の輸出指向型経済を市場の面で支えた。香港は賃金、地価の上昇により、国際市場のコスト競争圧力を受けた為に玩具、皮革、繊維、電子、合成樹脂などの業種は、生産拠点の70－80％を既に珠江デルタ地域に移している。近年はエレクトロニクス、音響機械、精密機器といった一部の技術集約型産業をも移転する傾向にある。

　広東省の形態別、主要国・地域別直接投資受け入れ状況は、表1－8、9が示している通りである。1985年以降は、年を追うごとに着実に増加して

いる。85 から91 年末までの合計は1 万6，375 件、契約金額は163 億8，119 万米ドルで、その実行金額が71 億1，137 万米ドルである。なかでも、合弁企業が1，558 件で、シェアが46.2％、またその契約金額は55 億2，938 万米ドル、シェアは33.8％であり、これに比べて、合作企業が6，412 件、同39.2％、69 億9，787 万米ドル、同42.7％と多いのが特徴である。合作企業は双方の出資比率によるのではなく、利益分配、経営方式などは契約ですべて取り決めるというものである。地縁、血縁、業縁を重視する香港企業の投資は、合作企業経営にも比較的多くの投資を向けていると言えよう。

表2－8　広東省の形態別直接投資受け入れ状況

金額単位：万米ドル　件数単位：件

年度＼項目		1985	1989	1990	1991	85-91 合計
合計	件数	1,640	2,438	3,042	4,554	16,375
	契約金額	200,074	243,813	268,958	490,530	1,638,119
	実行金額	51,529	115,644	145,984	182,286	711,137
合弁	件数	452	1,301	1,213	2,119	7,558
	契約金額	42,272	96,519	73,863	180,601	552,938
	実行金額	45,020	56,438	64,563	78,614	286,386
合作	件数	1,159	834	1,018	1,311	6,412
	契約金額	154,677	82,798	95,659	146,895	699,787
	実行金額	33,515	42,532	45,315	53,045	304,084
独資	件数	29	303	811	1,124	2,405
	契約金額	3,124	64,496	99,436	163,014	385,394
	実行金額	851	16,674	36,106	50,627	117,667

（出所）『広東省統計年鑑』1991 年版、1992 年版及び『中国統計年鑑』の1991 年版、1992 年版により作成

　広東省への直接投資で、香港（マカオも含む）が件数で90.4％、契約金額で80.1％のシェアを持つ。最近では台湾企業の投資も増加している。投資先は深圳、珠海などの経済特区とその周辺地域の珠江デルタ地域に集中し

ていることはいうまでもない。

　経済特区を持つ深圳は、1980 年以降驚異的な経済発展を遂げた。79 年と91 年を比べてみると、市街地面積が 100 倍以上、工業生産総額は 400 倍以上、輸出外貨獲得額は 350 倍、国内総生産額（ＧＤＰ）は 50 倍、人口も 8 倍に増加した。深圳市の 91 年の一人当たり国内総生産額は人民元で 7,300 元（当時の為替レートで換算すると、1,300 米ドル）で、全国平均の 4.3 倍である。また深圳市の経済成長率は、89 年が 21.3％（全国平均 4.3％）、90 年が34.1％（同 5.7％）で、全国の平均成長率が鈍化するなか、大きな伸び率を示した。91 年の経済成長率が 25.5％に達し、全国平均の 7.3％、広東省の13.5％をも大きく上回った。

　深圳特区には、香港をはじめとする外国・地域からの投資もさることながら、特区外の中国国内企業からの投資も多くみられる。深圳特区内に企業を設立している国内企業は全国に広がっている。深圳は中国

表 2 － 9　広東省の国・地域別直接投資受け入れ状況

金額単位：万米ドル　件数単位：件

年度 ＼ 国・地域		1985	1989	1990	1991	85-91 合計
香港 マカオ	件　　数	1,576	2,229	2,635	4,049	14,796
	契約金額	186,449	180,011	220,125	415,224	1,311,398
	実行金額	45,020	95,272	101,859	144,860	581,242
台　湾	件　　数		82	267	264	640
	契約金額	NA	10,995	25,376	26,159	71,502
	実行金額		2,272	7,032	10,956	20,584
米　国	件　　数	13	41	45	64	264
	契約金額	2,472	30,666	6,175	6,434	67,339
	実行金額	1,968	5,218	13,644	9,832	38,958
日　本	件　　数	18	23	15	33	164
	契約金額	5,401	2,398	3,107	12,453	31,901
	実行金額	3,339	3,873	13,223	7,929	33,497

　（出所）『広東省統計年鑑』1991 年版、1992 年版及び『中国統計年鑑』の 1991 年版、1992 年版により作成

表 2 － 10　広東省主要都市の直接投資受け入れ状況

金額単位: 万米ドル＿ 件数単位: 件

都市 年度	1989	1990	1991	89-91 年 合計	シェア
件　　数	297	660	585	1,532	14.8%
広州市契約金額	401	472			
実行金額	298	117	133	548	10.0%
件　　数	711	602	734	2,047	19.7%
深圳市契約金額	483	679			
実行金額	458	349	335	1,142	20.9%
件　　数	267	1,146	536	1,949	18.8%
珠海市契約金額	128	256			
実行金額	169	62	121	352	6.5%
件　　数	160	249	435	844	8.1%
東莞市契約金額	141	178			
実行金額	89	100	147	336	6.2%
件　　数	59	204	230	493	4.7%
中山市契約金額	89	104			
実行金額	41	53	102	197	3.6%
件　　数	234	167	84	485	4.7%
仏山市契約金額	306	197			
実行金額	189	79	84	352	6.5%
件　　数	2,703	3,128	4,554	10,385	100%
広東省契約金額	2,453	2,701			
合計実行金額	1,771	1,859	1,823	5,453	100%

（出所）『全国城市統計年鑑』1990 年版、1991 年版『広東省統計年鑑』1992 年版により作成

　内陸部企業と外国企業に合弁事業や経済交流の場を提供しているという側面もここに記しておきたい。深圳市に対する外国直接投資は、1991 年末までの累計が既に 4,000 件を超え、その契約金額は 38 億米ドル余りである。1989 年以降の状況は表 1 － 9 に示されている。深圳特区に登記されている外資企業数は、92 年 8 月までに既に 5,000 社に達している。同年 3 月以降に登記された外資企業数は月平均 100 社以上で、特に 8 月には 170 社で月間

最高を記録した。92 年 1 ～ 8 月に登記された外資企業の数は、91 年全年の数に近い 929 社に達している。投資総額は 20 億米ドルを超えた。外資企業 5,000 社のうち、工業関連企業が 85％を占め、商業、飲食業、倉庫業、不動産業、公益事業が各 4.1％である。

　外資企業は、いまや深圳経済特区の重要な生産力となっており、その投資総額は 132 億 5,700 万米ドルを超えている。1989 年以降、外資企業の工業生産額と外資獲得額は、どちらも深圳市全体の 70％前後を占めた (8)。広東省の 91 年の輸出額は 135 億 5,700 万米ドルで史上最高を記録したが、そのうち三資企業の輸出は、対前年比 42.2％増の 52 億 9,000 万米ドルであった。機械？電気製品の輸出が 23 億米ドルを超え、引き続き全国各省？市のトップであり、カラーテレビ輸出は 3 億米ドル余り、ラジカセなど 10 種類の輸出はいずれも 1 億米ドルを超え、なかでも技術輸出は対前年比 50％増となった (9)。

　1991 年の深圳、珠海、汕頭、アモイ、海南の 5 経済特区の工業生産総額は 500 億元人民元を突破し、前年を 56％上回った。輸出入額は対前年比 25.6％増の 196 億 7,000 万米ドルにのぼり、全国の 14.5％を占めた。深圳経済特区の輸出入額が第 1 位で、5 特区全体の 58.3％を占める 114 億 7,000 万米ドルに達した。ちなみに第 2 位のアモイの 24 億 1,000 万米ドル、3 位が珠海の 23 億 6,000 万米ドル、4 位が汕頭の 20 億 8,000 万米ドル、5 位が海南省の 13 億 6,000 万米ドルの順である (10)。

　しかし、近年までに、中国は土地使用権売買をめぐる土地投資ブームとなっており、深圳市も例外ではない、とりわけ深圳特区の地価上昇は激しかった。労働力の流入をかなり厳しく制限していることなどから、賃金の上昇幅も大きく、全体的にコスト高傾向が強まっている。中国に 14 工場、約 2 万人の従業員を擁し、深圳にも 1,000 人規模の工場を二つ持つ港陸国際集団有限公司の陸地氏はいう、「深圳は金融センターを目指している。製造業は歓迎されなくなった。従業員の給料をみても広東省の他の地域の 2 倍に当たる 3 千元程度。他の諸経費を含めたらカネがかかりすぎる」。同社は省内の東莞、中山にそれぞれ 5,000 人規模の新工場を建設し、深圳から主力部門

を移しつつある。

　深圳市内では高層ビルの建設ラッシュがいまも続いているが、工業用施設の約3割が空室状態といわれ、不動産価格はピーク時の1993、94年の約半分に下落した。外国企業の深圳への投資も1995年上半期で対前年同期比29%減であった。実際、91年前後から労働集約型産業は経済特区を避けて、当時まだ経済特区に編入されていない宝安県、あるいは周辺の東莞市、中山市、恵州市などに工場を立地する傾向が強まってきた。そのため、80年代半ば頃までは純農村地帯であった宝安県などは急速な工業化が進んでおり、「拡大香港」の範囲が次第に広がっている。東莞市における外資利用状況をみると、1992年上半期だけで前年同期比107%増の313件の契約があり、外資利用額は4億8,700万米ドルに達している。従来のプロジェクトとしては繊維、アパレル、食品・飲料、金属・機械、皮革・プラスチック製品を中心とする「三来一補」型企業に集中していたが、近年では、電子・電機などハイテク関連が急増している。さらに際立った特徴としては、大型プロジェクトが増加していることである。

　1991年に同市は10億元を投入して、計20km2にのぼるいくつかの大規模な工業区を開発したことで、多くの外国大手企業が投資に訪れるようになり、92年1～6月で、工業における外資導入額は39億9,000万香港ドルに達した。導入プロジェクトのうち、投資額が1,000万香港ドル以上の案件が87件で、新規導入プロジェクトの投資総額の59%を占めた。また、「中中外」企業が増加している。東莞市は外国資金と技術を積極的に導入すると同時に、内陸の大企業と協力し、それぞれの強みを生かして新製品を開発し、基幹産業の強化と発展に努めている。たとえば、常平万達電子集団は郵電部、外国業者、常平鎮の三者合弁による大型通信設備企業であり、第3世代無線移動電話などの通信機器を開発しており、投資総額は1億2,000万香港ドルで、年生産総額は4億香港ドルと見込んでいる[11]。このようなことから、深圳経済特区からコスト高を理由に東莞市など周辺に移転する企業が多くみられるようになっている。したがって、工業分野で深圳経済特区に残る企業としては、資本集約型・技術集約型企業が中心となり、またその分野で

の投資に特化されるようになりつつある。それは同時に商業、貿易、金融セ
ンター、香港からのリゾート地としての役割が高まってきていることでもあ
る。広州市は1984年に全国14の沿海開放都市の一つとして指定を受け、同
年12月に市内黄浦区に経済技術開発区を建設した。同経済技術開発区は91
年の工業生産総額は対前年比57％増の2億7，000万元人民元、輸出総額は
同58.3％増の2億米ドルとなっている。92年5月には、開発区内に中国で
5番目となる保税区の設立が認められ、7月から建設に着手して、93年5月
に周囲との隔離壁を備えた保税区が開業した。

　広州市は珠江デルタ地域の商業、金融、情報などの中心として、その機能
を高めつつある。また市区部のＧＤＰに占める第3次産業のシェアは、1990
年で既に54.6％に達しており、全国の人口100万人以上の都市（市区部）の
ＧＤＰに占める第3次産業のシェアが36.9％であるのに比べて、かなり高い
ことがわかる。一方、珠江デルタのなかでも深圳や順徳、東莞などの新興都
市と比べると広州市は国有企業の比重が高く、さらに大きく発展する為には、
活力ある企業改革が今後なされることは課題となっている。したがって「改革？
開放」政策の進展状況が、直接投資の行方を大きく左右するものとなる。

　香港工業連盟が1991年7月～9月にかけて、香港の製造業企業の広東
省珠江デルタ地域への進出状況についてアンケート調査を行った。加盟1，
596社を対象にし、1，256社から回答を得て分析した報告は下記である。

進出状況	進出済み 511		計画中 69		未進出 676	
進出業種	電子	玩具	衣料	金属？機械	皮革	電子・工学機器
	120	84	80	52	50	34
進出先	深圳	東莞	広州	惠州	佛山	中山
	294	125	53	44	22	19
進出形態	独資企業	合弁企業	委託加工	補償貿易	複合形態	
	266	139	106	56		
進出理由	地理的に近い、企業管理がしやすい、技術面での支援が可能投資環境の魅力、出身地、環境に慣れている、労働力が廉価？豊富、土地が広い、ほか					

　◎数字は企業数である。皮革の50社はプラスチック・ゴム業も含まれている。

　1991年半ば段階では未進出企業は回答企業の約半分となっている。しかし、表1－7にみるとおり、92年には、上半期の対中直接投資契約件数が91年の年間契約件数とほぼ等しいものであり、また、投資契約金額は前年同期比3.8倍となっていることから、広東省に対しても未進出企業の相当数が進出を果たしたのではないかということが推測できる。

　進出理由は上記の通りであるが、一般に考えられている「言葉の障害がない」「中国の市場に期待」「地元政府やパートナーとの関係」といった理由は全体の1.5～2％と低い。そのほかに、一つ興味深いのは、出資比率が多様であるが、

　無回答は進出企業511社のなかで162社もあって、全体の31.7％占めているのは、日本企業のように契約を重視するというよりも、香港企業が人間同士の信頼関係で物事を進めるといったことを反映しているかもしれない。進出企業の経営状況については、良好とする企業が511社の中で487社で、構成比で95.3％である。事業運営上の深刻な問題点としては、国境における混雑が複数回答の結果177社、周辺産業の未発達が174社、法整備の遅れが165社、エネルギー不足が161社など比較的に多く、管理の難しさや運輸の立ち遅れ、労働力の質などは比較的に軽微な問題と考えていることが伺える。

　3、台湾資本の大陸投資。中国における「改革・開放」政策の推進は、台湾との経済関係を促進している。しかし、急速な発展を見せたのは、台湾がぬ1987年7月に38年にわたって施行してきた「戒厳令」を解除してからである。それと同時に、民間人の香港？マカオへの旅行が認められるとともに、同年11月には大陸に住む親族訪問が解禁され、88年には30万人、89年には50万人、90年には100万人というように、観光や商用を兼ねて中国を訪問する人が増加した。そして、91年末までに300万人以上の台湾人が大陸を訪れている。一方、大陸から台湾を訪問した人は、88年11月から91年10月までに累計1万人余りとなっている。

　さらに1985年頃から中国の大都市と台湾との電話のダイヤル通話、ファックス送信が可能となり、これも91年末までに述べ470万回余りにのぼっている。88年春から第3国？地域経由で大陸と台湾との郵便物の往来が認

められ、91年末までに6，000万通を超えた。

　台湾当局は高まる民主化要求に対して、1988年1月に新聞発行制限を解除し、さらに89年1月には国民党以外に政党設立を認める「人民団体組織法」を公布し、施行した。このような状況のもとで台湾は、中国側の主張する「一国両制」に対して、89年3〜4月には「一国両府」が議論され、90年になると、「一国両区」が提示されるようになり、さらに野党である民主進歩党の一部に、台湾独立論を強く唱える人たちも現れた。

　台湾から中国への直接投資は、基本的には香港経由の間接投資が大部分である。

　表1－6でみたように中国対外経済貿易部（12）は台湾からの投資について1991年から公表している。同年には1，735件で13億8，900万米ドルの契約が結ばれており、92年上半期も好調で1，702件で13億2，000万米ドルの契約を締結している。その結果1992年6月末までの累計で、件数では香港（マカオ）に次いで第2位の5,306件となり、また投資金額では香港（マカオ）、米国、日本に次ぐ第4位の42億4，900万米ドルとなっている。

　台湾からの投資は福建省に集中しているのが特徴である。福建省の直接投資受け入れ状況については1985年から92年6月末までの累計で5，639件で契約金額60億8，800万米ドルを記録し、中国全体に占めるシェアはそれぞれ10.9％、10.7％になり、同省の外資導入のうち、1979年から90年までの統計では83％が直接投資である。その後福建省でも独資企業の伸びが顕著になり、79年から85年までの独資契約状況は、直接投資のなかの3.7％を占めるにすぎなかった。86年から90年には、直接投資契約の57％を占めるになり、比率では第1位となっている。これに比べて、対外借款は、福建投資企業公司が日本で数回発行した円建て債券や銀行借款などがあるものの、そう大きな金額ではない。同省への直接投資は1990年末現在で外資企業総数の85％は工業企業であり、投資契約金額では70％を占めている。しかし1985年には、工業企業が外資企業数の61.4％、投資金額は38.4％であったから、その後に生産型投資が増加したことになる。とりわけ88年以降に著しい増加を見せたのは、アパレルや電子、紡績など労働集約型軽工業部

門と加工業に外資企業が集中しているからである。

　福建省に進出する外資企業は、1990年末現在で香港からの件数が全体の68.5%、契約金額でも同61.3%で第1位であり、次いで契約額が多いのは米国の4.9%、シンガポールの同3.8%、英国の3.3%、日本の2.1%の順である。同省は海外華人の多くの故郷であるから、ＡＳＥＡＮ諸国華人資本からの投資が多いとみられる。また外資企業の優遇措置を受けるために、中国の国内企業が香港に出先機関を作り、そこから福建省のアモイ経済特区などに投資するというパターンも2〜3%のシェアを占めている。これは中国各地にみられることであるが、広東省、福建省に集中しているのは各種優遇政策を受けられるからである。

　近年福建省の外資導入額が急増したのは、台湾企業からの投資増加が原因である。しかし、既述のように、大部分が香港経由の間接投資であるために、投資件数や契約金額などを正確に把握することは困難である。関連報道をまとめると、台湾企業による福建省投資は、90年末で877件、11億8,200万米ドルである（13）。また91年末では1,203件、同16億ドルとなっている。これらは福建省が受け入れた外資の中の35.3%、33.3%（14）をそれぞれ占めている。なかでもアモイ経済特区は、台湾企業の主たる投資先である。同市への投資は90年末で410件、9億8,760万米ドルであり、台湾企業投資のシェアは41.8%と45.3%である。アモイには、1990年末で506社の独資企業があるが、そのうち約200社が台湾企業の投資によるものであり、その生産額は同時期の同市工業生産総額の約10%を占めた（15）。

　台湾にとって、福建省特にアモイは、海峡を隔てて対岸に位置し、距離的にも近い。またアモイ経済特区とアモイ市の海倉、杏林地区、福州市の馬尾経済技術開発区には、台湾企業専用の投資地区が設けられている。ここから福建省の台湾投資への期待度の高さを伺える。勿論、台湾サイドの要因としては、台湾経済が1986年〜88年の高度成長の結果、賃金上昇や労働力不足、公害問題による工場の立地難などが発生し、また対外貿易には米国との貿易摩擦が激化して、台湾元は88年に85年比で28%の切り上げを余儀なくされたことが、大陸投資に一層拍車をかけることとなり、加えて米国は台湾の

外貨準備高が700億米ドルを超えたことから、1989年1月には特恵関税供与の停止を通告した。台湾当局は大陸投資ブームに対処するため、1990年7月に次のような措置を発表している。

　A 公共投資の増加によって大陸投資を減らしていく。

　B 大陸投資を減らした一部を東南アジアに誘導する。

　C 中国大陸への経済援助は、農業技術など限られた範囲にとどめる。

　D 中国大陸に進出した企業のグループ化を進め、中国との交渉力を強める。

　E 大陸投資を行った台湾企業への中国からの影響力を極力防ぐ。

　F 台湾の経済発展などの経験と自信を中国に伝え、台湾への関心を高める。

　また、1990年10月に台湾は「対大陸投資管理弁法」を制定し、大陸への3,353品目にのぼる間接投資、技術提携認可品目と業種リストを公表するとともに、大陸投資を認可制とした。合わせて既に投資した分も含めて投資審議委員会への申請を義務づけた。しかし、積極的な報告はほとんど行われていないようである。台湾の91年1月23日付け『工商時報』によると、大陸への直接投資契約件数の累計は1,600余件にのぼり、その契約金額は15億米ドルに達したとのことである。この数字をみる限り、台湾当局の大陸投資に対する「抑止力」があまり機能していないのである。台湾からの大陸直接投資は、1992年1〜9月の集計では3,705件で、金額は29億7,000万米ドルであり、対前年同期比ではいずれも3倍余りとなっている。ここ数年の特徴としては、まず、労働集約型の中小プロジェクトが増加している。次に、輸出向け製品の生産プロジェクトが増加している。それから、投資期間が従来より長くなっている（16）などが挙げられる。

　台湾経済部の資料では、表1−11にあるように、1991年の大陸投資額は1億7,400万米ドルでアジア向け投資の15.8％を占め、同時に台湾の対外投資全体の9.5％であった。92年には、2億4,700万米ドルでアジア向け全体の40％、また対外投資全体の21.8％にまで拡大している。いわば台湾の大陸向け投資は対外投資全体で、91年の第4位から92年には第1位に浮上したのである。香港向け投資の一部は、そこを拠点に大陸投資に回っており、さらに小口投資や「地下経済」からの投資を十分

表 2-11 台湾の許可済み対外投資

単位: 百万米ドル

年度＼国地域	1987年まで	1988	1989	1990	1991	1992	全体比
マレーシア	13.1	2.7	158.6	184.9	442.0	155.7	14%
タイ	20.6	11.9	51.6	149.4	86.4	83.2	7%
インドネシア	28.5	1.9	0.3	61.9	160.4	39.9	4%
ア フィリピン	12.8	36.8	66.3	123.6	1.3	1.2	0.1%
ジ ベトナム	－	－	－	－	17.1	22.1	2%
ア 中国大陸	－	－	－	－	174.2	246.9	22%
香港	9.6	8.1	10.4	33.0	199.6	54.4	5%
その他	24.5	8.5	9.1	50.0	22.8	13.4	5%
合計	109.1	69.8	296.3	602.8	1,103.8	616.8	54%
米国	233.2	123.3	508.7	428.6	297.8	193.0	17%
北 その他	8.7	2.0	44.7	240.4	71.4	9.2	0.8%
米合計	241.9	125.3	553.4	669.0	369.2	202.2	18%
欧州	14.6	17.0	73.3	265.9	350.2	292.8	26%
その他	8.9	7.0	7.9	14.4	6.9	22.4	2%
合計	374.5	219.1	930.9	1,552.2	1,830.1	1,134.2	100%

注: 全体比は4捨5入の数字。

出所: 中国台湾省「経済部」投資委員会『統計月報』により作成

　に把握できないことなどから、台湾の大陸向け投資額は、この10倍前後の金額になるはずである。台湾企業の海南省への投資も近年積極的に行われている。同省洋浦経済開発区の「大規模開発」実施にともない、台湾企業に対する吸引力が強まっているといわれる。91年に海南省に設立された台湾資本の企業は89社、投資総額7,000万米ドルで、それぞれ対前年比78%と193%の伸びを記録した。これは香港資本に次ぐ第2位ということになる。

従来の投資契約期間は一般に 3 － 5 年で、長くて 20 年間までであったが。いまでは、50 年間、70 年間の契約を交わす企業が多くみられる[17]。

　同時に独資企業が急速に増えている。1990 － 91 年に台湾から同省に投資された企業の 6 割が独資企業である。92 年時点で海南省に設立されている台湾企業 178 社のうち、独資企業は 120 社で 67％を占めている。88 年から 90 年までの平均投資額は 50 万米ドル前後であったが、91 年に新設された台湾資本投資企業の平均投資額は 89 万米ドルとなり、最大の外資プロジェクトは投資額 660 万米ドルである。

　1992 年 9 月 7 日、海南省台湾事務弁公室の責任者は香港で記者会見を行い、台湾企業の投資と開発の為に、20 余区画の土地を提供すると発表した。それによると、海南省は同年 10 月に海口市で、台湾企業向けの投資案件発表会を開催し、一連の土地開発プロジェクトを提示する予定で、最大のものは 44 ｋｍ 2 に達するという。同記者会見では、「台湾企業の海南省での投資規模は不断に拡大している（18）。92 年上半期現在、台湾企業は 305 社、投資額は 2 億米ドルにのぼる」と説明した。これを受けて台湾工商、企業界による「海南工商視察団」一行 42 人は、同年 10 月 18 日から海南省を訪問した(19)。海南省もまた、台湾からの投資を強く期待している。

　台湾の大陸投資について 1991 年 4 月に『天下』誌が大企業 1，000 社を対象に実施したアンケート（回収率 22.5％）と、全国工業総会が同年 6 月に投資審議委員会に登録している 2，503 社の企業を対象に行った調査結果（回収率 21.1％）がある。それによると、大企業と中小企業の間に大陸の投資環境に対する認識の相違があることがわかる。表 1 － 11 にみられるように大企業は大陸の市場潜在力やコスト・メリットに魅力を感じているが、中小企業は大陸の労働力の豊富さや言葉の問題がなくコミュニケーションが容易、土地代がやすいといった点である。中小企業は一般に言われている労働力不足の解消が最大の課題であることが改めて認識するのである。

　さらに、『天下』誌によると、製造業経営者の 57.7％が大陸を優先投資先と考えている。また既投資企業（全体の 16.7％）のなかで、10％以上の利益率をあげた大企業は全体の 57.5％を占め、欠損を出している企業はわず

か7.5%である。別の資料によると、進出企業の3割余りが確実に利益をあげている、増資に発展した企業も含めると、業績良好企業は85%にのぼっている。

表 2 − 12　台湾企業の大陸投資に対する認識

順 位	大 企 業		中 小 企 業	
	項　目	％	項　目	％
有利な点　1 2 3 4 5 6 7 8	市場潜在力	41%	労働力が豊富で安い	93%
	コストが安い	27%	コミュニケーションが容易	75%
	労働力確保が容易	25%	土地代や工場設備賃貸料が安い	63%
	台湾での競争力が喪失	22%	市場が大きい	43%
	競争相手より早く投資		原材料が豊富で安い	31%
	機会を取得できる	7%		
			中古機械の利用が可能	31%
			税制の優遇がある	31%
			輸出割当枠の享受が可能	14%
不利な点　1 2 3 4 5 6 7 8 9	法整備が不十分	33%	インフラの未整備	76%
	労働者の質が高くない	16%	行政効率の悪さ	74%
	公共施設が粗末	15%	法律が煩瑣で不備	67%
	原材料入手が困難	15%	名目的費用が多い	56%
	関連メーカーの技術が		労働効率が悪い	49%
	不足	15%		
	地方政府などの賄賂		派遣社員が大陸生活に馴染まない	44%
	要求	10%		
	その他	2%	コスト計算が困難	40%
			外貨の交換や調達が難しい	24%
			大陸当局の派遣社員に対する管理	20%

注：複数回答を含む

（出所）『天下雑誌』1991 年 5 月；全国工業総会「大陸経済、貿易、投資問題に関する意識調査」1991 年 8 月

　小型投資で小回りが利くということもあるが、工場設立後、平均1年足らずで利益をあげ始め、生産コストは台湾に比べて24.3％低く、平均税引き後の利潤率は13.2％となっている（20）。

　現時点での対大陸投資は、市場の将来性もさることながら、利益をあげることを第1目的としている企業が多い。香港を拠点にして、そこに所有する不動産などを担保に資金を借りて大陸に投資する。設立した合弁企業が購入する機械、設備は台湾で調達し、代金決済の時点で既に資金の一部を回収するといったことも行われているようである。さらに中小企業では、信用力不足などの原因からスタンバイ（Ｓｔａｎｄ－ｂｙ）Ｌ／Ｃ方式を活用して、香港を中心に資金調達を行い、それを大陸投資に振り向けるケースも多くみられる。

第3節　中国の対外貿易と香港、台湾

　1、香港の役割。「改革・開放」政策のもとで中国の対外貿易が大きく発展してきた。外国からの直接投資の導入や経済発展、貿易制度の改革、為替レート変動などの影響を大きく受けている。1991年9月末の中国登録工商企業総数は545万7,000社で、うち外資系企業が契約ベースで全体の1％を占めるようになっている。外資系企業の工業生産額は91年実績で工業生産総額の4.8％に当たる1,370億元人民元となり、その輸出額は全体の16.7％に当たる120億米ドル余りとなっている。

表2－13　中国の対外経済指標の推移

単位：億米ドル

項目 年	外資導入額 契約実行	輸出入額	貿易 依存度	貿易収支	外貨 準備高
1984	26.312.6	535.5	16.7%	?12.7	82.2
1985	59.316.6	696.0	23.0%	?149.0	26.4
1986	28.318.7	738.5	25.3%	?119.7	20.7
1987	37.123.1	826.5	25.8%	?37.7	29.2

続表

項目／年	外資導入額 契約実行	輸出入額	貿易依存度	貿易収支	外貨準備高
1988	53.031.9	1,027.9	25.6%	?77.5	33.7
1989	56.033.9	1,116.8	24.6%	?66.0	55.5
1990	66.034.9	1,154.4	30.0%	87.4	110.9
1991	119.843.7	1,356.3	33.4%	80.5	217.2
1992	581.2110.1	1,655.3	34.2%	43.5	194.4
1993	1,114.4275.2	1,957.0	32.6%	?122.2	212.2
1994	826.8337.7	2,366.2	43.8%	54.0	516.2
1995	912.8375.2	2,808.5	41.0%	166.9	736.0

注：外資導入額は直接投資である。

貿易依存度は輸出入額／GNP

（出所）『中国統計年鑑』1996年版により作成

　1995年の中国の対外貿易額は2,808億5,000万米ドルに達した。これは中国のGNPの41％にあたり、中国経済の対外依存度がますます高くなっている（表1－13参照）。中国の世界貿易に占める地位も上昇し、輸出では11位、輸入で12位につけている。このように中国経済の国際化（対外依存度）が深まるなかで、もはや世界貿易における中国の地位を無視できない

表2-14　中国の主要貿易相手国（1995年）

単位：万米ドル

国・地域	輸出額	シェア	輸入額	シェア	輸出入額	シェア
日本	2,846,269	19.1%	2,900,476	22.0%	5,746,745	20.5%
香港	3,598,380	24.2%	859,110	6.5%	4,457,490	15.9%
米国	2,471,133	16.6%	1,611,823	12.2%	4,082,956	14.5%
台湾	309,811	2.1%	1,478,391	11.2%	1,788,202	6.4%
韓国	668,922	4.5%	1,029,331	7.8%	1,698,253	6.0%
シンガポール	350,064	2.4%	339,798	2.6%	689,862	2.5%

続表

国・地域	輸出額	シェア	輸入額	シェア	輸出入額	シェア
ドイツ	567,169	3.8%	803,787	6.1%	1,370,965	4.9%
イタリア	206,719	1.4%	311,504	2.4%	518,223	1.8%
英国	279,162	1.9%	197,202	1.5%	476,364	1.7%
フランス	184,184	1.2%	264,818	2.0%	449,002	1.6%
オランダ	323,208	2.2%	81,800	0.6%	405,008	1.4%
カナダ	153,259	1.0%	268,131	2.0%	421,390	1.5%
オーストラリア	162,620	1.1%	258,455	2.0%	421,075	1.5%
世界	14,876,974	100.0%	13,207,816	100.0%	28,084,790	100.0%

出所：『中国統計年鑑』1996年版により作成

　ことから、中国の世界貿易機構（WTO）への加盟問題が話題になっている。中国の貿易相手国が、従来香港が第1位を占めていたが、1993年に日本が香港を抜いて第1位となった（表2－14参照）。米国との貿易も香港と僅差であり、貿易全体の先進国依存度が7割以上となっている。最近では、韓国、台湾との貿易も上位を占めるようになってきており、まさに全方位経済開放に伴って貿易相手国の多様化が進んでいる。ここでは香港との貿易を中心に分析を進めて行きたい。

　中国の貿易相手国・地域として、1986年までは日本が20－25%のシェアで第1位であったが、87年以降は香港にその座を譲渡している（21）。対香港貿易のシェアは87年の34.9%、88年の38.4%、89年の41.8%、90年の42.9%、91年の44.7%と着実に拡大している。91年の場合、香港が大陸から輸入した貨物のうち、59%は再輸出されている。これは先に言ったように、香港は製造業の生産拠点を広東省、とりわけ珠江デルタ地域にシフトしたことで香港の再輸出取扱い量が一層拡大したからである。香港企業が大陸に進出する場合、企業の生産管理や方針決定及び管理部門は香港に置くのが普通である。その本部が香港や外国企業から注文を取り、大陸にある生産拠点で生産し、製品は香港を経由して再輸出するか、工場から第3国へ直接輸出される。

　広東省の対外貿易は表１－15にみるように順調に拡大している。91年の
それは293億9，800万米ドルで、輸出が136億8，800万米ドル、輸入が
85億1，000万米ドルとなっている。三資企業の輸出額は53億2，700万米
ドルで、広東省輸出全体の38.9％を占めている。輸出先の第１位は香港で、
全体の83.1％を占め、113億8，713万米ドルである。次いで米国、日本の
順となっている。輸入先も香港が第１位で62億3，023万米ドル（全体の
73.2％）、２位がフランスで４億8，126万米ドル、5.7％であり、次いで日
本は３位で３億9，110万米ドルである。また、深圳市の91年の輸出額は省
全体の25.2％にあたる34億5，000万米ドル、輸入額は同29.6％の25億2，
000万米ドルであった。

表２－15　広東省の対外貿易

単位：億米ドル

項目 ＼ 年度	1980	1985	1989	1990	1991	91/81 伸び率
対外貿易総額	－	－	212.45	235.30	293.98	19.1%
輸出額	21.95	29.53	81.68	105.60	136.88	18.7%
内三資企業輸出額	－	2.21	22.80	53.27	53.27	－
輸入額	3.56	24.26	48.30	85.10	84.10	33.4%

　注：91/81 は名目平均伸び率
　（出所）『広東統計年鑑』1992年版より作成

　2、台湾の大陸貿易。台湾と大陸との貿易は1978年には往復４，700万米
ドルにすぎなかった。それが中国の「改革・開放」政策の実施して以来、大
きな伸びをみせた。79年の貿易額は７，700万米ドルとなった。香港を経由
する間接貿易であることはいうまでもないが、ほかに貿易手続き上日本、シ
ンガポールなど第３国経由のものもある。それらの数字の把握が困難なため、
この表は不完全といえるが、基本的な動向はそう違うことはないであろう。
82－83年の台湾製品の大陸輸出減は、中国経済が調整段階に入って輸入を
抑制したためである。そして、従来台湾との貿易は大陸にとって国内貿易で
あり、輸入品に関税を課さないとしていたが、83年初めに貿易調節税を徴

収することにしたなどの影響もある。

表 2 － 16　台湾と大陸との香港経由貿易額

項目　　　　年度	台湾産品の対大陸輸出		前年比%	大陸産品の対台輸出		前年比%
	香港ドル	米ドル		香港ドル	米ドル	
	百万	百万		百万	百万	
1981	2,182.0	384.0	81.1	427.0	75.2	9.4
1982	1,263.9	194.5	-42.1	546.1	84.0	27.9
1983	1,228.0	157.8	-2.8	699.0	89.9	28.0
1984	3,327.0	425.5	170.7	999.0	127.8	42.9
1985	7,697.3	986.8	131.4	904.0	115.9	-9.5
1986	6,328.4	811.3	-17.8	1,124.9	144.2	24.4
1987	9,566.9	1,226.5	51.2	2,253.7	288.9	100.4
1988	17,489.3	2,242.2	82.8	3,733.8	478.7	65.7
1989	22,592.6	2,896.5	29.2	4,577.8	586.9	22.6
1990	25,570.4	3,278.3	13.2	5,969.8	765.4	30.4
1991	36,403.8	4,667.2	42.4	8,782.6	1,126.0	47.1
1992 (1-6月)	－	2,845.9	39.0	－	557.2	13.4

（出所）香港政庁海関統計処資料により作成

　1984 － 85 年にかけては中国経済が過熱し、日本をはじめ西側諸国からの輸入が急増したが、台湾からの輸入も大幅増となった。このような動きは、台湾当局に対する台湾企業の対大陸貿易関係改善の要求となり、従来の規制を緩和することにもなった。85 年 7 月には、台湾製品の対大陸間接輸出に対して、当局が「接触せず、奨励せず、干渉せず」の原則を採るとし、実質的容認に踏み切ったのである。しかし大陸側はこの 84 － 85 年輸入急増の反動で 86 年は経済調整を行うことになり、台湾製品の輸入も減少を余儀なくされた。このような状況の中で、台湾は、88 年 7 月に「現段階の大陸政策」を策定し、公式には「接触せず、交渉せず、妥協せず」という「三不政策」を維持するものの、「民間、間接、片道、斬進」という基本的考えのもと、両岸経済関係を進めることにした。この間、87 年 8 月から 89 年 1 月にかけ

て3回にわたって大陸製品の間接輸入制限を緩和し、農工業原料92品目に限って間接輸入を公式に認可している。さらに88年8月には「大陸産品間接輸入処理原則」を公表し、89年6月には「大陸地区物品管理方法」を制定して対大陸貿易政策を一元化した。続く90年9月には「対大陸地区商品間接輸出管理弁法」を制定し、輸出商品の管理も図ることにした。

　台湾と大陸との関係変化の中で、人の往来や物流が活発になっているが、その反面トラブルの発生や法制上の不備も指摘されるようになった。台湾では89年10月に「両岸人民関係条例」が制定され、公表したが、それは両岸関係の基本的な考え方を整理するものであった。つまり、直接の貿易、投資、技術協力を禁止し、間接的なものに限って台湾の安全と経済発展を損なわない範囲で認めるとするものであった。

　1978年から89年までの台湾製品の大陸向け輸出の平均伸び率は83%であり、大陸からの輸入が平均32%の伸び率に対して、2倍である。いわば、台湾側の圧倒的な入超のなかで、往復貿易額が急速に拡大したのである。表1－16にあるように1989年においても、大陸台湾貿易は前年比8%増となり、往復で34億8，000万米ドル、台湾の入超額は23億1，000万米ドルとなった。この往復貿易額は大陸の対外貿易総額の3.1%、台湾のそれの2.9%を占めている。

　1990年に香港経由大陸貿易額は、はじめて40億米ドルの大台に乗せた。商品構成をみると、台湾の大陸向け輸出としては、依然として機械、電子、電気製品、化繊、プラスチック原料などが主流である。また大陸の台湾向け輸出では、漢方薬、繊維製品、水産品のほか、石炭やセメントなどの伸びが著しい。91年の大陸貿易は、対前年比43%増の57億9，000万米ドルへとさらに大きな伸びを示した。うち大陸側の輸入が46億7，000万米ドル（同42.4%増）、輸出は11億2,000万米ドル（同47.1%増）で台湾は大陸の第6位、大陸は台湾の第5位の貿易相手となった。

　貿易額の拡大に伴って、商品構成も少しずつ変化がみられるようになってきた。台湾の大陸向け輸出では工業製品が全体の95%以上を占めていて、80年代前半では人造繊維物、紡績用繊維糸、メリヤス・クロセ織物が大宗

であったものの、最近では、その比率が低下している。それは大陸で繊維の自給率が高くなったためとみられる。また台湾から産業用機械や通信機器などの対大陸輸出に拡大傾向がみられるものの、電子部品やその関連機器では減少傾向が現れている。これはこの分野の合弁企業製品の一部が大陸市場に出回っているためであろう。

　大陸製品の台湾向け間接輸出では、80 年代はじめは非工業品が全体の85％前後を占めていた。漢方薬原料、香料、茶、羽毛などの天然原料が圧倒的に高いシェアを持っていた。近年では大陸から工業製品の輸入が拡大したため、88 年のそれが全輸入額の 49％になっている。かつて台湾から大陸に輸出されていた紡績用繊維糸は、いまでは逆に大陸から台湾へ輸出されるようになり、大陸産電子部品の台湾向け輸出が 88 年以降、急増していることも特徴である。

　さらに近年では、福建省の港を利用して、一回の取引額が 5 万米ドル以下の大陸台湾小額直接貿易が急速に発展していることも考慮しておかなければならない要素となっている。また漁船などを使って海上で取引する密輸とも言える「貿易」などが日常的に行われている。その額も相当の金額にのぼっているといわれる。いずれにしても、台湾と大陸、とりわけ福建省を中心とする華南地域との経済的関係がますます強まる状況からして、両者間には分業の進展と相互補完の再編成が展開していくことは容易に想像される。

第三章　東アジアにおける経済の一体化

第1節　「華南経済圏」の位置付け

　アジアにおける経済圏は「二層構造」を持つと考えられる。一層は「日本経済によるアジア経済圏」あるいは「日本多国籍企業の、日本多国籍企業による、日本多国籍企業の為のアジア経済圏であり、もう一層は「中国・アジアNIEs、ASEANによるアジア経済圏」である。

　「日本経済によるアジア経済圏」の構造においては、日本資本特に多国籍企業によるアジアNIEs向け直接投資に始まり、対ASEAN、対中国へと続く投資の結果として、日本資本による直接投資関連貿易がこれらのアジア各国・地域の対日貿易逆調構造を作った。対米製品輸出の為の対日機械、部品輸入がまたこのような特質を構造化させる。それによって、「日本経済によるアジア経済圏」が形成された。しかし、これはあくまでも日本？アジア間貿易構造においての日本多国籍企業によるアジア的規模におけるデ？ファクトの企業内国際分業（製品及び工程間分業）とそれに基づく企業内国際貿易のネットワークであり、企業内国際分業体制である。

　もう一層の「中国、アジアNIEs、ASEANによるアジア経済圏」は現在「インドシナ経済圏」（「バーツ経済圏」）やASEANとミャンマ、インドとの関係緊密化などアジア全域に広がりを見せてきている点を見逃すことができないが、「中国等を中軸とするアジア経済圏」はアジア的規模にお

ける国際分業と国際貿易の自律的な再生産体系をかなり現実味を持って確立してきている。そのダイナミズムは次の三つの事情に起因している。第1に、アジアNIES資本特に香港、台湾の中小企業や韓国財閥・多国籍企業、華人系を主力とするASEAN財閥、華人資本（チャイニーズ・コネクションとかネットワークとか言われている）等による中国向け直接投資をはじめアジアNIES・ASEAN域内直接投資。第2に、アジア各国・地域の域内相互貿易。第3に、地域開発・地域協力構想を中心とする各種地域経済圏である。

地域経済圏は大きく分けると、「東北アジア経済圏」、「華南経済圏」、「東南アジア経済圏」の三つがある。またその内部や、それに隣接して、「ASEANの成長の三角地帯」や「インドシナ経済圏」等のサブ経済圏がある。

第1の「東北アジア経済圏（1）」は、日本では「環日本海経済圏」、中国では「東北亜経済協力区」（「環渤海地区」）、韓国では「環東海経済圏」、「環西海経済圏」（韓国・中国の「環黄海経済圏」）と呼ばれるもののほか、中国東北3省、朝鮮民主主義人民共和国、極東ロシア、モンゴルなどの「豆満江開発」を含む総称である。

第2の「華南経済圏（2）」は、中国広東省、福建省、海南省、香港、マカオ、台湾からなる地域経済圏であるが、中軸は広東ー香港、福建ー台湾の華南2省とアジアNIESの2地域との間の相互補完の二つのリンケージである。

第3の東南アジアの地域経済圏は「ASEAN自由貿易圏（AFTA）」とその内部の三つの「成長の三角地帯」である。

以上みたように、「華南経済圏」は「アジア経済圏」の二層構造の中にある一地域経済圏であるが、中国経済の発展特に国際分業の発展にとって死活的な役割を担うに至っている。というのは、1990年における広東省と香港の貿易額は50億米ドルを上回っており、それは中国・香港貿易のおよそ一割を占めておりまた広東省の1989年の輸出額は中国全体の21.8％を占めており、工業製品の輸出額の場合に限ってみれば中国全体の三分の一を占めたとされる。なお中国全体に占める対香港貿易の比重は90年で輸出が

43.8％、輸入が27％であり、中国貿易の大宗を占めており、また広東省は91年には中国全体の貿易黒字額（91億米ドル）の中のおよそ6割に当たる54億米ドルを稼いでいるとされている（輸出135億米ドルに対して輸入は81.2億米ドル）。

　「華南経済圏」は中国の沿海地区に形成されつつある地域経済圏の中の一つとして捉えるべきであるが、中国経済の中で重要な位置を占めていることも強調しておかなければならない。いままで経済「改革・開放」の最前線で全国経済を牽引してきたし、これからもますます発展していくことは間違いない。ただし、広い中国の中で、国民経済全体を底上げするためには各地域とも発展していかなければ、全体の発展がありえない。

第2節　「華南経済圏」の規模

　香港、台湾、広東省、福建省、海南省からなる「華南経済圏」は日本と同じ面積、人口を有する地域である。ＡＳＥＡＮと比較すると人口は三分の一、ＧＤＰはほぼ同額である。したがって一人あたりＧＤＰはＡＳＥＡＮ平均の約3倍の2,100ドル、これは香港、台湾の高所得水準を平均値にいれることによる数字のマジックであるが、今後、この「華南経済」圏のintegration（統合）が進めば、この地域だけでＡＳＥＡＮ全体に匹敵する量と質の経済圏が形成されることを意味する。

表3－1　華南経済圏の経済規模（1989年）

項目 国？地域	面積万km2	人口万人	ＧＤＰ百万米ドル	1人当たりGDP米ドル
華南経済圏	37.3	12,147	250,661	2,129
香港	0.1	576	63,024	10,939
台湾	3.6	2,011	146,859	7,341
広東省	17.0	6,025	35,248	585
福建省	12.4	2,896	11,196	387
海南省	3.4	639	2,334	365

続表

項目 国？地域	面積万 km2	人口万人	ＧＤＰ百万米ドル	1 人当たり GDP 米ドル
中国	960.0	111,191	424,292	382
日本	37.8	12,310	2,834,473	23,026
ASEAN 諸国	－	31,497	275,970	876
シンガポール	－	269	28,830	10,737
マレーシア	－	1,735	37,400	2,160
タイ	－	5,545	69,100	1,246
フィリピン	－	6,010	42,440	706
インドネシア	－	17,914	94,620	528
ブルネイ	－	25	3,300	13,267

（出所）『通産ジャーナル』1992 年 6 月号 77 頁

　これに上海、天津、大連、その他の沿岸地域を加えれば、その規模はさら
に拡大する。シンガポールをはじめ、東南アジア中心に 2,500 万人いる
と言われる華人のネットワークを加えれば、まさに大中華経済圏の形成で
ある。日本と並び、アジア太平洋経済を牽引する存在と位置付けられるべ
きであろう。

　一方のＡＳＥＡＮは日本などからの企業進出が盛んな地域であり、かなり
の経済力をつけてきて、強力な一大経済圏として世界にアピールしている。
賃金上昇などさまざまな問題を抱えてはいるが、決して無視できる存在では
ない。「華南経済圏」の挑戦に対して、ＡＳＥＡＮも地域内の経済協力を強
化するとともに、地域外にもインドシナ諸国を巻き込んで拡大する方向にあ
る。特に 1992 年 1 月のＡＳＥＡＮサミットでは今後のＡＳＥＡＮの発展の
方向が明確に示された。ＡＦＴＡ（ＡＳＥＡＮ自由経済圏）形成とその実行
手段としてのＣＥＰＴ（共通関税引き下げ）協定に合意したことはＡＳＥＡ
Ｎの域内協力の強化にとって画期的な前進である。またベトナム、ラオス両
国が東南アジア友好協力条約に参加したことはインドシナ諸国のＡＳＥＡＮ
加盟の方向を明らかにしたものとも言える。

　ＡＳＥＡＮは 1995 年にベトナムが加わり、その後 96 年 7 月のＡＳＥＡＮ外相会議では、ミャンマもオブザーバーとして加わるとともに、ラオス、カンボジアの 97 年加盟が承認された。カンボジアの加盟は結局国内の政治混乱で一時的に現在見送られているが、いずれ加盟することは間違いがないであろう。これでＡＳＥＡＮは人口 4.5 億人の規模になり、中国沿岸部を上回る。質的にもベトナムなどの勤勉で安価な労働力が大量に入ってくる。労働力の質とコスト面で「華南経済圏」に一歩遅れをとるＡＳＥＡＮにとって、ＡＦＴＡの実現によるＡＳＥＡＮ経済の integration（統合）は、「華南経済圏」に対抗する最も有効な手段である。ＡＳＥＡＮそのものを市場として魅力あるものにすること、既存の投資も巻き込んで域内分業を拡大することはＡＳＥＡＮでなければできない投資を増やすことに繋がる。ただし、「華南経済圏」の課題である政治面での安定性を確保することはＡＳＥＡＮにもいえることである。この点では両地域が共通している。ＡＳＥＡＮの相対的競争力を確保するためにも、そのＣＥＰＴが骨抜きにならないよう、また域内でクーデターや政治不安が再発しないよう、期待したい。

　「華南経済圏」は香港・広東省を中心に形成されるわけだが、最大の課題はやはり政治的安定である。1992 年 1 月、2 月をかけて鄧小平氏が深圳、上海など沿岸部諸都市の開発状況を視察し開放政策堅持の姿勢を強調した。旧ソ連の崩壊は中国政府に社会主義政治体制の堅持の必要性を痛感させたが、同時に「改革・開放」政策による経済発展も堅持していく方向が主流となってきているように思われる鄧小平死後に不安がないわけではないが、広東、上海、大連などをはじめとする全国の「改革・開放」の実体をみると、もう後戻りはあり得ないという気がする。沿岸部と内陸部の所得格差やこれに伴う社会不安、労働力の流出が心配されていた香港は 97 年 7 月に中国に返還された。今後は北京と香港を両極として発展段階、経済政策の自由度の異なる地域が、管理されたヒトとモノの移動を前提にいくつかの階層にも形成されることにより地域ごとの経済発展、制度の差が保たれていくように思われる。

　いずれにしても、「華南経済圏」の台頭がＡＳＥＡＮをはじめ、その他の

アジア太平洋経済に健全な競争と刺激をもたらすことは間違いないであろう。現在、ＡＳＥＡＮのタイ、シンガポール、マレーシアなどの資本もかなりの規模で中国、香港に進出している。中国、香港からもＡＳＥＡＮに投資をしている。このように、時には競争し、時には協力し、アジア全体の経済を一層発展させるためにも、この両地域に大いに期待したい。

第3節　「華南経済圏」の形成要因

　1、世界政治？経済情勢からみる「華南経済圏」の必然性。冷戦時代にアジアの日本、ＮＩＥＳなどの国・地域がその冷戦構造をうまく利用することによって、経済発展を遂げることができた。冷戦時代だけあって、同時期の中国は政治闘争の真っ最中だった。ようやく「文革」が終わって、危機感を感じた中国が 1978 年 12 月の中国共産党第 11 期 3 中全会で「改革？開放」路線への転換を決定し、経済発展が至上命題になった。この劇的変革の背景には、いろいろな要因があったが、何よりも周辺諸国？地域の経済成長、特にアジアＮＩＥｓの成長は中国政府当局者に強いショックを与えた。これ以上の遅れは許されないという民族存亡[3]に係わる問題だと認識させたことにあると思う。これがそのままアジア冷戦構造溶解の契機となり、同時に「華南経済圏」が浮上する契機にもなった。

　広大な中国の沿海省市と周辺各国・地域との間にもともと根強い経済的補完関係が潜在していたのであるが、これが冷戦構造の壁に遮られて、久しく顕在化することがなかった。しかし、冷戦構造が急速に溶解することによって、その潜在的補完関係がにわかに市場の面に顕在化することになったと言う事実がある。これは華南が一つの有機的な経済単位として成立するには是非とも必要な要因の一つである。もう一つは、「華南経済圏」を構成する各地域の経済的な相互補完関係が、80 年代後半期における香港、台湾の急激な構造変動を通じて一段と鮮明なものとなったという事実である。すなわち香港、台湾は自らの構造変動を最も効率的に展開させるための方途として、中国との経済交流が不可欠なものだと認識したのである。

　世界経済は今アメリカ経済が引き続き好調を維持しているが、アジア経済は東南アジアの金融危機の影響で外為市場、株式市場ともに混乱が起きている。東南アジア諸国通貨の大幅な切り下げ、香港株式市場の暴落がニューヨーク市場、東京市場などにまで波及したことは、世界的な協調政策が求められていることの現れでもある。安定的な経済成長など世界経済にとっては課題が山積している。この点について清水　嘉治教授はこう指摘している。「海外直接投資の増大は、世界経済のグローバリゼイションをもたらし、同時に、地域的な共通の利益、地域的生産費、流通費を効率的に吸収するために関連近隣諸国が結合して共同利益を前提とした地域主義を台頭させている(4)。」ここで地域主義の是非を論ずるつもりはないが、地域的な協力関係の強化はその地域経済にとっは重要であることは異論はないはずである。周知のように、香港、台湾経済は対外依存型である。世界経済のブロック化現象の中で経済成長を維持していくためには、相互補完関係にある広東省、福建省、海南省との経済交流、協力関係の強化が必要である。中国についても当然そうである。

　2、歴史的、地理的要因と華人。世界政治、経済情勢が変化したことによって、華南地域で経済圏を形成する重要条件である歴史的、地理的な要素が生きてきた。前にも触れたように歴史的に華南地域には「華南経済三角区 (5)」という「経済圏・生活圏」が19世紀末から20世紀にかけて形成され、発展の兆しを見せていた。図2－1のように歴史上の「華南経済三角区」とは、ひとつは広州、香港・マカオの三角地点で形成するいわゆる「奥港澳経済三角区」で、もうひとつは福州、香港・マカオの3地点で形成する「門港澳経済三角区」を指し、それぞれが有機的に連係していたというものである。「奥港澳経済三角区」には珠江デルタ地域が存在し、「門港澳経済三角区」にはアモイ、泉州、福州などの沿海都市が含まれ、台湾もこのリンケージと密接な関係にあったという。そしてこの二つの「華南経済三角区」はいずれも香港を中心軸として、商品、資本、技術、人材などの相互交流が盛んに進められたという古くから華南地区には「経済圏・生活圏」が存在していたことになる。

　過去に中国から海外に渡った中国人いわゆる華人もそういう歴史的な要因に入るわけで、それがシンガポールをはじめ、東南アジアに2,000万人もいると言われている。他の国・地域の華人も含めるとその数がさらに増える。周知のように、華人のほどんとが華南地区出身である。しかも、広東省と福建省に集中している。それともう一

図3-1　華南経済三角区

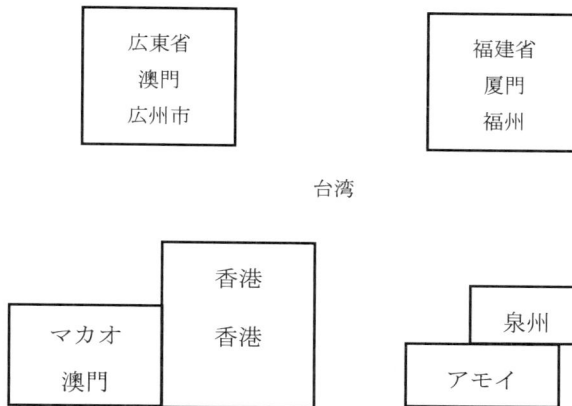

```
┌─────────┐          ┌─────────┐
│  広東省  │          │  福建省  │
│  澳門    │          │  厦門    │
│  広州市  │          │  福州    │
└─────────┘          └─────────┘

      台湾

       ┌─────────┐
       │  香港    │
  ┌────┤  香港    │        ┌─────────┐
  │マカオ│        │        │  泉州    │
  │澳門  │        │  ┌─────┴────┐    │
  └──────┴────────┘  │  アモイ   │────┘
                     └──────────┘
```

（出所）松本国義『華南経済圏』1992年　ＪＥＴＲＯ　15頁

　つ忘れてはならないのは、華人はどこの国に住んでいようが、事業展開するにあたっては、香港を重要な活動拠点としていることである。華人資本の経済力、ネットワークは「華南経済圏」が形成されていく

　過程に非常に重要な意味を持っている。ＪＥＴＲＯの「海外直接投資」（1994）は、これまでの華人資本の流れについてこう述べている。「まず、最初に香港、シンガポールに投資会社などの企業を設立し、ファイナンスの拠点とする。そこをベースにして、アジアの近隣諸国に投資を行うパターンが見られる。投資活動範囲は80年代後半には米国、カナダ、英国、豪州などの先進国にまで及んでいる。90年代に入って、その流れは中国に向かっている。華人資本は当初、1997年に予定されている香港の中国返還による不安や天安門事件もあって、対中投資には慎重であった。ところが、1991年からは中国の積極的な開放政策により対中投資に方向を転換させている。さらに中国本土の資本が逆に香港に流出するケースが目立ち始めた。こうし

て、中国資本と海外華人資本が双方向的な形でネットワークを形成し、一段と緊密化してきた。」[6]

　地理的には、「華南経済圏」は台湾を北端とし、南には長期的に海洋石油開発などの面で期待できる海南省にいたるまで、直線距離にして約2000キロの広がりを持つ。その中に、香港が実にほぼ中心部に位置している。地理的にもともと近い華南地域にここ数年交通インフラの整備が進み、ますますその地政学的有利な面が認識されてきている。

　3、広東省、福建省における地方分権。中国は1978年12月の第11期3中全会において「改革？開放」政策の方針を打ち出し、1992年10月の第14回党大会で「社会主義市場経済」論を採択した。この改革政策の中心は経済体制改革であり、それまでの集権的経済運営の統制から解放することである。体制改革といえば、改革の為の整合性を持ったシナリオがあって、それに基づいて旧来の非効率な経済体制を変革させることのように考えられるが、中国の経済体制改革はそうではなかった。前例のない実験ともいうべく、計画性のないものであったといえる。基本的には規制を解き、自由を与えることであった。試行は錯誤を伴うが、錯誤を正すのも試行を通じてこそという考えであった。限定的であるが、規制撤廃によって、漢民族の持つ商業主義的で現実主義的な文化伝統が生かされ、ミクロ単位の最大収益を求める動きが活発になるのを期待した。

　まず実行したのは農村部の「請負制」であった。農家、企業、地方がそれぞれ所管政府、中央政府との間に請負額を設定し、それを上回る分を自主裁量のもとで使用できるという実利重視政策である。一種の経験主義的なもので、成果を収めたものには、政策当局がこれを追認し、制度、法制面での整備を加えてその方式を全土に普及させるというプラグマティズムがその真髄であった。集権的な経済統制を解くことによって、各種経済主体に最大限の実利を追求させようという現実主義的経済運営であった。中央政府が権限を地方政府に下放し、利益を下部に受け渡すという「放権譲利」である。1979年に農業改革を実施、低価格による農産物の強制的買い付け制度を廃止し、この制度を守るべく長い間存続してきた人民公社制度を解体させ、家族的小

農経営を全土に蘇らせることで、農民の生産意欲は一挙に高まり、労働生産性が向上、農民所得も格段に増加した、労働生産性の向上によって発生した余剰労働力と、所得水準の向上によって生まれた農村余剰資金は、統制的計画経済の枠外に新たに生まれた郷鎮企業（7）に集中した。80 年代以降、驚異的な速度で群生したこの郷鎮企業は 1990 年時点で中国農業（播種農業）総生産額の 1.9 倍、全農業人口の 27.8％を吸収する一大経済主体となった。この郷鎮企業から全国的な有力企業に成長した企業は数多くみられる。

　次に国有企業改革が「厂長（工場長）負責制」（8）の実施で始まった。それまで企業の経営者が上級管理部門の指示に従うだけの企業経営を改め、厂長（工場長）に経営の全責任を負わせることで企業の活性化を促した。さらに、国家と企業との間に利潤分配において後者に有利な利潤請負制を導入、生産、原材料調達、製品販売、投資、雇用の全分野にわたる企業自主権を拡大した。しかし、長い間統制的計画経済下で蓄積された既得権益を払拭できず、企業は行政機構の付属物的存在であるという認識が企業内外に根強く残っており、国営企業の惰性、無責任な経営体質を打ち破る力になっていない、依然国営企業の非効率化が続き、成功したとは言い難いが、「放権譲利」の過程で郷鎮企業、私営企業、外資系企業が急成長しており、国有企業の工業生産額に占める比率は 91 年時点で 50％に近くまで低下している。国有企業にとっては、この市場経済化の流れの中で、自らの存在を示すには、自己変革する以外に道がなく、国有企業の改革問題は毎年政府の重要課題として日程に組まれているが、有効な解決策が見い出せないでいるのが現状である。これからの取り組みに期待したい。

　1988 年に中央政府は各省、直轄市、自治区などの一級行政単位に対して、財政請負制度を実施し、請負額を上回る財政収入の使用面の権限を大幅に下放した。と同時に中央による工業生産指令計画製品数並びに計画的分配物資数を削減し、さらには中央政府の投資審査批准権の多くを下放するなどして、地方の権限を大いに高めた。特に広東、福建両省には他省より 10 年も早く中央から「特殊政策・弾力措置」が与えられ、他地域とは異質の経済的自由を謳歌してきた。両省は経済計画の立案、施行における自主裁量権を中央か

ら認められた。また、定額請負制度下に両省が中央に上納する財政資金と外貨については、その額を一定期間据え置くという制度を他地域に先駆けて導入することが許された。金融政策、賃金、物価政策における両省への権限委譲も大胆であった。この結果、「改革？開放」以降の中国では、経済資源がもっとも激動化したのはこの両省であった。

　広東、福建両省は中央の制約から相対的に独立し、自省資源による積極的な投資活動に乗り出したのである。この活力の発揚を大きく促したのは香港と台湾の影響であった。実は中央が広東、福建両省に「特殊政策？弾力措置」を与えたのは、それぞれ広東、福建両省が香港、台湾の経済的ダイナミズムを懐深く導入するための重要な目論見に発したものである。中国の対外開放政策が華南沿海部の開放に重点をおいて開始されたのはこのためである。1980 年 8 月の全人代は「広東省経済特別区条例」を承認、公布した。これを受けて広東省内の深圳、珠海、汕頭の三つの経済特区を設置した。加えて1985 年にには深釧、珠海の後背地である珠江デルタ地帯、アモイの後背地である門南デルタ地帯が開放地区に指定された。中央政府はこれらの経済特区、開放地区に対して、財政、外貨留保などの面で幅広い自主裁量権を与えるとともに、外資系企業に対する税制上の特典付与権限を認めるなど、内陸諸地域とは異なった自由な管理体系の採用を許容し、もってここを中国の対外開放政策の最重要の窓口とすることを意図したのである。この開放政策を受けて、香港、台湾のモノ、ヒト、マネー、テクノロジーは、当初は慎重だったが、80 年代の後半には急速に珠江デルタと門南デルタに集中的に進出を開始した。「特殊政策？弾力措置」の運用で中国の中で経済的にもっとも激しい流動化を見せていた広東、福建両省は香港と台湾の経済的活力を導入したことにより、経済が一段と激しく流動化した。中国の中で最高の経済成長を遂げた地域へと変貌したのである。

　広東、福建両省への香港、台湾企業の進出は、80 年代後半に不可避となったこの両地域のリストラクチャリングの重要な要因となり、その急速な構造転換を可能にした。実際に広東省一香港，福建省一台湾の経済的統合過程はすでに道半ばを越えた感じがする。それぞれ香港、台湾のない広東省、福建省の経

済を語ることが困難な状況となっている。この経済統合体が生み出す豊かな
ビジネスチャンスは、一つの大きなうねりを作り出しており、広東省、福建省、
香港、台湾、海南省を含めた「華南経済圏」は有機的なリンケージを持った
有力な経済単位として、西太平洋地域に浮上したと見なければならない。

　全体的にみれば、「放権譲利」は中国経済を活性化させることには成功し
たといって良かろう。中国の今日の「改革・開放」政策の実施に当たって、
自主裁量権を確保した地方が、強化された財政能力、対外貿易権、外国直接
投資に対する認可権限などを活用し、中国経済全般の「改革？開放」を先導
しているのが実態である。

第4節　域内の経済一体化

　「華南経済圏」域内で経済の一体化が進んでいる。一体化とは、一体には
なっていないが、経済の緊密な関係を強化していて、最終的には一つの経済
体を形成する過程である。香港はもともと中国本土と密接不可分の関係にあ
る。広東省に隣接し、中国本土への交通が非常に便利、迅速である。自由港
でもあるわけで、世界各地の商品がここで中継を行うため、アジアの重要な
商品集散地、金融センターとなっている。また香港では情報の入手が速く、
貿易ルートが広いため、従来から中国の対外貿易にとっては欠かせない存在
であった。とりわけ中国が「改革・開放」政策を実施して以来、中国と香港
との貿易と経済協力は急速な発展を遂げ、大きな成果をあげた。中国と香港
は実質的には双方にとって最大の貿易パードナーであるだけではなく、香港
の繁栄は中国に依存する、中国の経済は香港の繁栄に引っ張られていく状態
まできているように思われる。

　香港は中国から安価で豊富な労働力、原材料の提供を受け、中国を市場と
して発展してきた。香港製造業就業人口は 1988 年の 80 万人から 1993 年に
は 50.8 万人、94 年に 43.8 万人、95 年に 38.6 万人へと年々減少している。
2,000 年には 20 万人になると予測する人もいる。製造業のＧＮＰに占める
比率も 95 年に 9.4％に低下している。それとは逆に、香港資本が広東省内

に 1986 年－ 1996 年までの間、三資企業と「三来一補」企業を合わせて広東省内に 6 万 6，000 社の企業を設立し、広東省内の香港企業で働く中国人従業員は既に 300 万人を超えている（9）。広東省では香港ドルの流通量が急増しており、総額は 150 億香港ドル以上、香港ドルの全発行量の 30％以上が同省で出回っているとも言われる（10）。その一方、香港への外国資本の流入の勢いは一向に衰えていない。中国の輸出全体の 44.7％が香港を経由しており、対中貿易の窓口としての香港の重みは増している。

　経済協力もさまざまな形で行われている。もともと香港の対中投資は対中諸投資国・地域のなかで金額にしても、投資プロジェクト件数にしてもトップである。金額は 1990 年末には 230 億米ドルにも達していた。一般貿易の他、原材料委託加工、委託加工、ノックダウン、補償貿易はかなりの規模に発展している。それと同時に投資による企業設立、資金協力、不動産投資、大型プロジェクトへの参与、工事請負、労働協力なども盛んに行われている。1992 年 1 月に鄧小平氏が南方を視察し「南巡講話」を発表して以来、香港の有力華人系財閥企業を中心に対中投資は一段と活発化し、なかでも、中国の長期的な経済発展に役立つ社会的生産基盤である社会資本などへの大型投資が目立っている。

　前にも触れたが、中国経済近代化の養分をたっぷりと含んだ空間が、香港である。中国が香港返還に関する中英交渉に際して「港人治港」という「想像力に富んだ」（中英合意文書正式調印時のサッチャー前首相の表現）返還方式を提起し、香港の高度自治を保証することを約束したのも中国自身が香港を無傷で取り戻したいということの現れである。香港が将来も繁栄を続けていくことで一番得するのは中国なのである。対香港の貿易収支の黒字は中国の重要な外貨源（11）となっている。「香港の銀行は 1991 年まで過去 10 年間に対中融資額が 55 億米ドルに達しており、香港では香港上海銀行に次ぐ 2 位の中国銀行や中国国際信託投資公司（ＣＩＴＩＣ）などが香港で行った資金調達を加えれば、その額がさらに巨大になる。」（12）

　香港は対中直接投資の一貫しての最大出し手である。中国経済に直接投資、貿易の面で大きく関わっているのは、西側先進国であるよりもその前に何よ

りも香港なのである。香港企業は自らの将来が背後に広がる中国本土にかかわっていることを察知している。ここを新しいビジネスの天地と見立てて積極的に進出するという意志を固めている。香港企業対中進出はもはや海外進出というのではなく、国内投資のような感覚で行っている。

　香港の貿易相手国別のシェアを地場輸出、再輸出（13）、輸入の項目別で表２－２から見ると、香港が中国との経済関係を深める過程で如何に短期間で急速に自らの貿易構造を変化させてきたかを理解できよう。まず地場輸出において最大のシェアを占めているアメリカの比重が低下する一方、中国のシェアが顕著な速度で拡大している。次に輸入においても1983年までは最大のシェアを占めている日本の比重が低下し、中国のそれが急増して、93年以降が日本を上回った。また再輸出の項目を原産国別で見るとこれも日本のシェアが下がっているのに対して、中国のシェア拡大が著しい。それともうひとつ、仕向地別で見ると、中国とアメリカのシェアが急速に拡大している。中米経済関係がますます強化されていくことは周知の通りであるが、かなりの部分が香港経由であることを忘れ

表３－２　香港の相手国別貿易

単位：億香港ドル

	1980	1984	1986	1988	1989	1990
輸出総額	982.43	2,214.40	2,765.29	4,930.69	5,705.09	6,398.74
地場輸出	681.71	1,379.36	1,539.83	2,176.64	2,241.04	2,258.75
米国%	33.1	44.5	41.7	33.5	32.2	29.4
中国%	2.4	8.2	11.7	17.5	19.3	21.0
ドイツ%	10.8	6.9	7.1	7.4	5.8	8.0
再輸出 仕向地別	300.72	835.04	1,225.46	2,754.05	3,464.05	4,139.99
中国%	15.4	33.6	33.4	34.5	29.9	26.8
米国%	10.3	14.5	18.2	18.0	20.8	21.2
日本%	7.3	5.5	5.4	6.3	6.4	5.9

続表

	1980	1984	1986	1988	1989	1990
再輸出 原産国別	300.72	835.04	1,225.46	2,754.05	3,464.05	4,139.99
中国%	27.9	33.7	42.1	47.8	54.3	58.1
日本%	19.6	22.4	15.2	13.7	11.3	10.2
台湾%	7.1	6.1	7.1	7.7	7.8	7.3
輸入	1116.51	2,233.70	2,759.55	4,987.98	5,627.81	6,425.30
中国%	19.7	25.0	29.6	31.2	34.9	36.8
日本%	23.0	23.6	20.4	18.6	16.6	16.1
台湾%	7.1	7.8	8.7	8.9	9.0	9.0
貿易収支	-134.08	-19.3	5.74	-57.29	77.28	-26.56

（出所）渡辺利夫編『華南経済』勁草書房 1993 年 17 頁

　てはならない。中米関係は政治関係においても経済関係においても香港経済に与える影響は想像以上のものがある。

　香港の対中投資には、一つ大きな特徴が目につく、広東省に集中していることである。香港経済は93年現在、輸出、消費を中心に成長を続けており、株価が史上最高を記録するなどブームに沸いている。1989 年 6 月の北京？天安門事件のショックで沈んでいた当時の光景はまるでうそのようだ。これは中国の「改革・開放」政策が再確認され、「華南経済圏」の中核として、香港と広東省の経済一体化が驚くべきペースで深まっている現実を反映したものだ。中国に隣接する新界がベットダウンとして大きく発展しつつあることは香港の現状を端的に象徴しているといえる。国境北側の深圳経済特区は郊外の宝安県を編入し、特区面積を 6 倍に拡大し、経済規模が大きくなった。

　1993 年には深圳と広東省の省都広州を結ぶ高速道路が完成し、それまで24 時間かかった香港－広州間がわずか 5 時間に短縮され、

図３－２　華南経済圏域内貿易の関係図

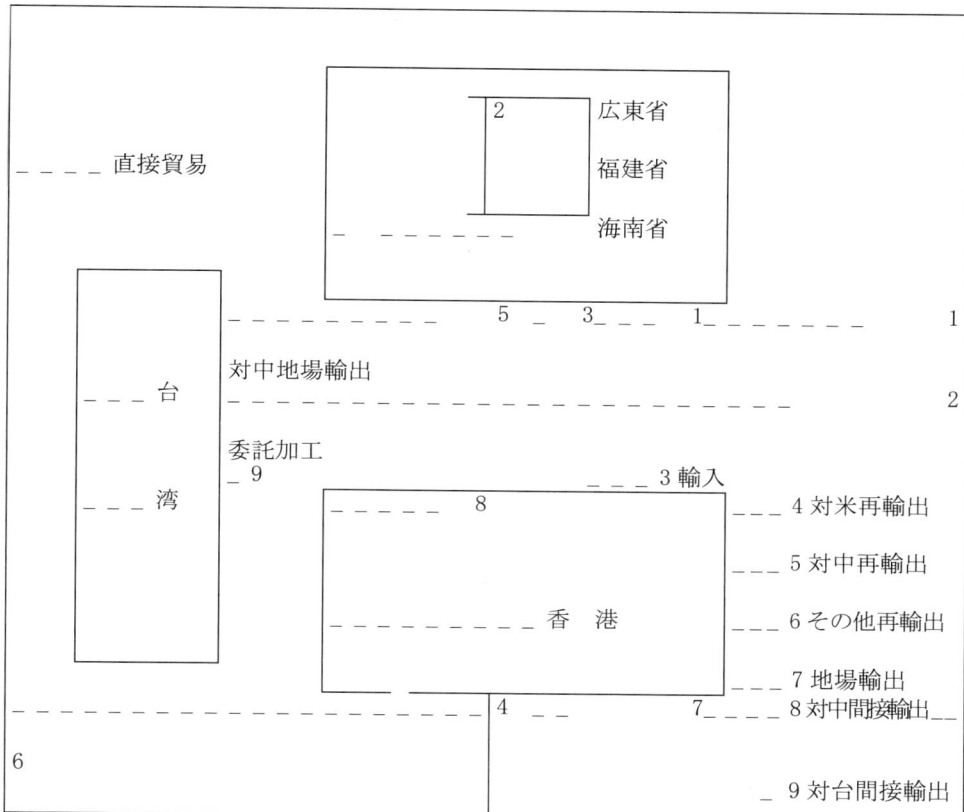

（出所）『局地経済圏の時代』渡辺利夫編著，サイマル出版会 1992 年 22 頁を参考に作成

　「華南経済圏」の中心部が一日経済圏になった。すでに新界に住んでいる香港人が深圳特区の会社に毎日通勤することも一般化しつつある（政庁職員）「華南経済圏」域内の貿易関係を概念図として描いたものが図２－２である。中国向け地場輸出の拡大は香港企業による委託加工生産用の部品、中間製品、機械設備の中国への輸出を反映しており、これら諸財を用いて広東省の安価な労働力により委託加工された労働集約的製品の香港企業による引き取りが、香港による中国からの輸入の拡大となって現れている。そしてこの中国から輸入した労働集約的製品を香港企業は、主にアメリカと中国に向けて輸出している。これは表２－２により再輸出を原産国別にみると、中国のシェアが圧倒的に高まっているという事実の中から読み取ることが

できよう。

　1988 年に広東省が受け入れた外資のうち投資額の第 1 位は香港（マカオ）の 18 億 1,046 万米ドルであり、2 位のアメリカの 1 億 2,937 万米ドル、3 位の台湾の 8,630 万米ドルを圧倒している。広東省は 1979 年以降中国の対外開放政策において、先導的な役割を期待された。香港に隣接していること、同省出身の華人が多いことなどの有利な条件を持っていることが、その理由である。1980 年に設置された最初の経済特区四ヵ所のうち三ヵ所が広東省内に設けられた。過去約 20 年間広東省の経済発展は十分にこの期待に応えた。香港との密接な経済関係が広東省の発展の一大要因である。

　全体的に見ると、広東省の外資導入額は、中国全体の 4 割近くを占める。そのうち香港からの投資は 60 ～ 70％である。一方香港から中国への投資額の 50％以上が広東省に向けられている。香港のアジア各国への直接投資額と中国及び広東省への投資額を比較すると、中国向けの投資額が非常に大きなウェートを占めていることがわかる。近年、香港からタイやインドネシアなど東南アジアへの投資が拡大しているとはいえ、中国向けに比べると少ない。広東省における設立批准済み外資企業数は 1989 年まで累計約 11,000 社、このうち開業・稼働中のものは 6,000 社余りで、全国外資企業数の過半数を占めるに至っている。この外資系企業の 90％は香港企業と推計されている。

　表 2 － 3 は広東省の工業生産額、輸出額に占める外資系企業のウェートを説明するものであるが、1989 年に既に工業生産額で 16.7％、輸出額では 30.1％を占めるに至っている。特に輸出額では 1988 年から 1989 年まで一年間の間に 13.1％も増加している。

　香港貿易発展局の調査によると、このほか広東省には、18,000 社以上（広東省側の資料は 50,000 社）の委託加工工場があり、うち 90％は香港向けである。従業員数は前も述べたように 1991

表 3 － 3　広東省における外資系企業のウェート（％）

項目　　　　　　年度	1985	1988	1989
工業生産額	4.6	12.2	16.7
輸出額	8.3	17.0	30.1

（出所）日本興業銀行香港分行資料により作成

　年には委託加工企業と外資企業を合わせると、すでに 300 万人を超えているとのことである。1989 年の委託加工料収入は 6 億 1，200 万米ドル、そのうち 5 億 5，000 万米ドルは香港企業から支払われた。

　香港の製造業は、日本など各国から原材料、部品などを輸入し、これを加工、組立して輸出するという「加工組立輸出基地」としての性格が強い。生産主体は中小企業が中心になっている。これは国際自由貿易港で、かつ政府の介入が最小限に抑えられているというフリー・マーケットである香港の特徴によるものである。香港の輸出品目を見ると、繊維製品が 3 割を占めている。その他玩具、プラスチック製品などの比重が高い。アパレル、玩具ゲーム機器の輸出では世界一、時計も数量で世界第 1 位であり、電子製品でもラジオ、電卓などローテク製品のウェートが高い。過去に強い競争力を維持してきたが、近年の人手不足、賃金上昇に対処して、隣接する広東省の安い労働力を求めて加工組立基地として利用するのも当然のことである。こうして、広東省は香港の資金、情報、マーケティング・ノウハウ、販売ルートなどを必要とし、香港は広東省の安価な労働力、地価、そして市場としての将来性などに目につけ、双方の思惑がぴったり一致した格好で、経済関係を深めてきたわけである。

　華南地域では、香港、台湾企業のアクティブな対中進出が目立っているが、そればかりではない。中国系企業が香港に進出し、そこで社会主義企業のイメージを一新するかのように攻撃的な資本参加、合弁、買収、生産を行っており、こうした活動を通じて両者の統合過程が展開していることも忘れてはならない。

　中国系企業の対香港進出は、その淵源自体は古い歴史を持っているものの、急速にそのプレゼンスを拡大したのは 1984 年の中英合意が成立して以降の

ことである。中国は返還を前にして香港に銀行、海運、デパート、不動産、製造業など多様な分野で中国系企業の影響力を確立することによって、香港を自らに最も有利な形で取り込もうと考えているのである。1990年末までの香港が中国に行った投資は累計額で248億3,000万米ドルであるが、同時期に中国から香港に向けてなされた投資の累計額は100億米ドル（14）に及ぶと香港では推測されている。この数値が正しいとすれば、これは1990年末の日本、米国、台湾の対香港投資額のそれぞれ98億、65億、45億米ドル（88－90年）を上回り、つまり香港に対する最大の投資国は実は中国であるということになる。香港に立地する中国系企業の数は合弁事業を除いても1991年末現在に1,500社あり、最盛時の1988年には2,000社から多く見積もれば3,000社あったと言われている。そのうち中国銀行グループ、華潤グループ、中信グループ、招商局グループ、光大グループなどがよく知られている。また、中国は93年以降、大型国有企業が香港株式市場に上場し（H株の発行）、96年末現在合計23社、268億香港ドルの資金調達を行った。国有企業の香港株式市場への上場は優良企業ばかりということもあって、香港と中国でブームとなり、各地の企業が競って香港株式市場への上場を果たそうと積極的であるが、中央政府は香港返還を前にして、厳しく制限すると明言したこともある。

　同時に注目されるのは、中国各省市が香港に出先機関を持ち、そこから中国国内に向けて大量の投資を行っていることである。例えば、広東省政府の香港出先機関である奥海企業グループは香港に38社の子会社と関連企業42社、さらに海外に15社の子会社を持ち、1990年の総売上高は250億香港ドル、対外貿易額104億香港ドル、広東省への投資は1986年～1990年まで累計でおよそ2,000件、40億香港ドルに達した。その他、広州市、福建省の香港出先機関としての越秀企業グループ、華門グループなどの活躍も目につく。

　「華南経済圏」の中核にあるのは、確かにいま著しい速度で経済の一体化を強めつつある香港－広東省経済であり、次いで台湾－福建省経済も一つの有機的な経済単位として形成しつつある。第一章でも触れたように台湾の対香港投資も、香港が台湾の対中進出の窓口であるために、相当の規模に達し

ている。中国の対香港投資が累計で 100 億米ドルに及んでいるという推測については既に述べた通りであるが、富士総合研究所の作成による華南地域の投資マトリックスを示せば、表 2 － 4 の通りである。「華南経済圏」という一大経済単位が出現しつつあることは紛れもない。その成長力と潜在力には極めて大き

表 3 － 4　華南経済圏における相互間投資（1990 年までの累計）

単位：億米ドル

投資先　　投資国・地域	香港	台湾	中国 1)		
				広東省	福建省
香港	--	14.3	248.3	160.0	19.1
台湾	452)	--	24.03)	4.54)	11.5
中国	1005)	--	--	--	--

注：1) 中国への投資は契約ベース。

　　2) 推計値（「経済日報」1992 年 1 月 1 日号）。

　　3) 台湾の対中投資は第三国経由。

　　4) 1989-90 年の累計。

　　5) 推計値（ＪＥＴＲＯ『通商弘報』1991 年 5 月 14 日号）

　（資料）富士総合研究所『華南経済圏の生成と発展』1992 年 8 月

　（出所）渡辺利夫編『華南経済』勁草書房 1993 年　27 頁

　いものがあり、香港、台湾、広東省、福建省、海南省を含む「華南経済圏」の 1990 年における国内総生産は既に 2，724 億米ドルに及び、同年の中国全体の同値 3，698 億米ドル、ＡＳＥＡＮ諸国の同値 3，018 億米ドルに次第に迫ってきそうな勢いである。

第四章 「華南経済圏」各構成地域の経済

第1節 「改革.開放」政策

　1945 年の第二次世界大戦終了と同時に中国では国民党と共産党による内戦が勃発した。結果的に毛沢東が率いる共産党がこの内戦に勝利し、1949 年 10 月 1 日に毛沢東が天安門広場で新中国成立を宣言し、中華人民共和国を誕生させた。1840 年のアヘン戦争以来 100 年以上も戦災続きの中国はようやく国家建設に入るところだったが、当時の厳しく複雑な国際環境の中に、50 年代に入って、また朝鮮戦争が勃発し、中国は結局参戦せざるをえなかった。東西対立するなかでその後も西側諸国による中国に対する経済封鎖が続き、厳しい条件下の経済建設を開始することになった。

　50 年代に入ると、中国は当時のソ連を中心とする東欧社会主義諸国からの借り入れ、援助を全面的に受け入れて、国民経済の再建に努めた。第一次五カ年計画が一定の成功を収めたものの、その後大躍進政策の失敗、ソ連との関係悪化などに続き、1960 年代半ばからはあの悪夢のような文化大革命の 10 年間に突入した。国民経済にとっては、大きな痛手であったことは言うまでもない。1979 年までの過去 30 年間、中国の経済発展基本戦略は西側諸国に追い越す為に、基本建設投資が重工業に大きく優先的に配分され、この間の経済成長は主として「自力更生」という自給自足の鎖国戦略と外延的な再生産によるものであった。表 3 − 1 はこの重工業への優先度を示したも

のである。重工業は圧倒的なシェアを占め、軽工業はわずか5－6％にすぎなかった。この投資構造により、国民経済は大きなアンバランスを伴っていた。また、高度計画経済の下で企業は経営管理の自主権がなく、利潤を追求する意欲もなく、経済効率の低下が国営企業全体に広がっていた。基本建設は50－70年代には80％ぐらいは国家予算によるものであったが、その国家投資のもととなる国家収入の主たる財源は工業、商業からの利潤上納と課税、それに農産物の安価買い付け、高価販売による差益であった。しかし、規模の大きい中国経済の建設を長期的に進めるには限界がある。にもかかわらず、中国は1978年まで政治闘争に没頭していて、経済改革をほどんと進めなかった。

「文革」がようやく終わって外に目を向けると、西側諸国は勿論、近隣の韓国、シンガポール、戦後分離したままの台湾、香港でさえ、目覚ましい経済成長を遂げている。経済面で大きな遅れを取ったことに気づくと同時に大きなショックを中国は受けた。その当時中国に巨大な民族危機感を感じた人が多くいたはずである。こうして民族危機感が強まっていくなかで1978年12月に第11期第3回中央委員会（11期3中全会）が開催され、この会議で中国共産党がこれまで政治闘争中心の活動方針を改め、経済建設に全力をあげる経済中心の活動方針に転換することを決定し、崩壊状態に近い国民経済の再建と発展を図った。

表4－1　基本建設部門別とそのシェア

単位：億人民元

年度／項目	農業	軽工業	重工業
1953-57 年	41, 83 7.1%	37, 47 6.4%	212, 7936.2%
1958-52 年	135, 7111.3%	76, 596.45%	651, 7154.0%
1963?65 年	74, 4617.6%	16, 473.9%	193, 7145.9%
1966-70 年	104, 010.7%	42, 624.4%	498, 8951.1%
1971-75 年	173, 09.8%	103, 035.8%	874, 9449.6%

（出所）『中国統計年鑑＿（1988年）』569頁により作成

　これは歴史的な大転換であった。その後まず 1979 年 7 月「中外合資経営企業法」を公布し、同年 8 月に広東省、福建省には対外経済自主権を付与、経済特区深圳、珠海、汕頭、アモイの設置を決定した。表 4 － 2 はこれまで対外開放の歩みを簡単にまとめたものである。

　対外開放政策のもとで、それまでの「自力更生」という毛沢東時代と打って変わって、積極的な外資導入を沿海部を中心に行われ、経済建設に必要な資金、技術、経営管理のノウハウを外国から取り入れ、

表 4 － 2　対外開放政策の歩み

年　　月	内　　容
1978 年 12 月	11 期 3 中全会、[改革、開放] 政策に転換
1979 年 7 月	中外合資経営企業法公布
8 月	四つの経済特区設置を決定
1980 年 8 月	[広東省経済特区条例] 全国人大常委会採択
9 月	[中外合資経営企業所得税法] 公布
1981 年 12 月	[外国企業所得税法] 公布
1983 年 9 月	[中外合資経営企業法実施条例] 公布
1984 年 1 月	登小平氏が深圳視察
4 月	沿海 14 港湾都市の対外開放
5 月	海南島の対外開放
1985 年 2 月	長江？珠江デルタ門南三角地区の対外開放
1986 年 4 月	[外資企業法] 公布
10 月	[外国企業の投資奨励に関する規定] 公布
11 月	上海、大連など地域に為替調節センター開設
1987 年 10 月	遼東？山東半島の対外開放
1988 年 1 月	趙紫陽総書記 [沿海地区経済発展戦略] 提出
4 月	海南省経済特区設置を決定、[中外合作経営企業法] 公布
5 月	[台湾同胞の投資奨励に関する規定] 公布
1989 年 6 月	天安門事件
1990 年 1 月	李鵬首相が対外開放政策の不変を強調
4 月	上海浦東地区開発計画スタート
1991 年 4 月	[外資企業、外国企業所得税法] 公布
1992 年 1 月	鄧小平南巡視察
10 月	第十四期全会で [社会主義市場経済] 移行決定
1993 年 11 月	社会主義市場経済に関する若干問題の決定発表

　（出所）「人民日報」等各種資料により作成

　同時に外国資本に中国市場を開放していくという過去に「わが国は外債がない」ことを 30 年間も誇り続けてきた中国にしては画期的な出来事である。実験的に設置した経済特区はその初期において実績がなかなか上がらないにもかかわらず、さらに 1984 年の鄧小平氏の経済特区視察後、沿海港湾都市 14 を開放都市とし、対外開放への強い姿勢を鮮明にしたのである。1988 年 1 月、当時の趙紫陽総書記が「沿海地区経済発展戦略」を提出した。「改革？開放」政策が中国の経済発展戦略から、世界経済の大枠の中で取り組もうという新たな段階に入ったことを示したものである。

　しかし、すべてが順風満帆ではなかった。国内改革では 1979 年から実施した「厂長（工場長）責任制」など国営企業改革をはじめ、経済体制改革の深化、特に価格体系の改革は計画通りに進まず、経済の加熱化、インフレの高進など問題が表面化した。そのため、1988 年から「整理・整頓」という経済調整政策を実施することを余儀なくされた。厳しい財政・金融引き締めを行い、投資、消費特に集団購買を抑制、国内需給アンバランスの調整に努めたが、インフレ率は鎮静化したものの、国内需給のアンバランスは根本的な解決ができないままでいた。インフレ高進の可能性も引き締め政策を緩めれば、再び出てくるという不安定な状態だった。建国以来もっとも困難な時期に直面していると中国政府が認識していた。対外経済の面でも、1990 － 92 年にかけて外債元本返済のピークを迎えようとしていた。1989 年 6 月に起きた天安門事件による外国からの経済制裁が、もともと厳しい時期に直面していた中国経済に大きな打撃を与えた。「整理・整頓」計画も当初 2 年間と予定されたが、さらに一年間延びて 1991 年まで続行せざるをえなかった。

　1991 年 8 月の日本の海部俊樹首相（当時）が西側諸国の政府要人としてははじめて訪中し、日本の対中第三次円借款を再開するなど、外交上の関係が徐々に修復する方向に向かった。経済面では 1992 年 1 月に鄧小平氏は深圳、珠海、武漢など開放都市を視察し、「深化改革・拡大開放」を訴え、もっと「改革？開放」すべきだと強調、方針はあくまでも変えないことを国内？外に強く印象づけた。この「改革・開放」推進の大号令によって勢いづいた中国経済が再び高度成長軌道に入り、この年から外国からの直接投資が急増、対外

貿易も大きく伸びた。さらに、同年10月中旬に開催された中国共産党第14回大会で、「社会主義市場経済」への移行を江沢民総書記が宣言し、市場経済を確立することによって、中国経済の本格的な離陸を図っていく方針を明白に打ち出したのである。

　「改革・開放」政策が1979年年初から始まって以来、いろいろと紆余曲折があったが、全体としては大きな成功を収めたといって良かろう。「改革？開放」政策を実施することによって中国経済が大きく発展したことは事実である。1979年から1991年の間に中国経済の実質成長率が年平均9％、92年、93年に至っては13％であった。1979年以降対外貿易の伸びも著しく、伸び率は平均で13％であった。1979年から1992年までの13年間をとって見ても、輸出は6、2倍、輸入は5、1倍に増大し、対外貿易の世界におけるランクが1978年の32位から1992年時点では11位となった。世界の成長センターに浮上したアジアのなかでも、中国経済の成長は群を抜いている。世界経済に大きな影響を与えていることもまた事実である。世界銀行は既に台湾、香港地域を含めた中国圏を中国経済圏と呼び、購買力平価で換算すると、この地域の経済規模は、2002年に現在米国の経済規模に達すると報告している[1]。1993年5月のIMFレポートは購買力平価に基づく計算で、中国の一人あたりGDPは1,600米ドルであり、国全体のGDPは1、7兆米ドルで、米国、日本に次いで世界第3位になるとしている。また世界銀行の前副総裁のラリ・サマーズ氏は1992年5月の論評のなかで次の世代において現在絶対的な経済規模を誇っている米国を追い抜く可能性を秘めている国は中国だけであると述べている。「現在の為替を基準にして計算する場合、中国の一人あたり国民所得は米国の2％にも満たない。当然これは過小評価であろう。購買力平価でみるとそれは10％になる。中国の人口は現在米国の約4、5倍であり、従って、中国のGDPが米国の45％にあたることがわかる。それはドイツ、日本よりも大きい。もし中国の成長率と米国の成長率の差がこのまま推移していけば、購買力平価で見る限り中国のGDPは2004年には米国を追い抜くことになる。仮に経済成長率の差があるにしても20014年には米国を追い抜くことになる」と分析するのは中国国務院発展研究センターの呉敬連氏。

現在ではこれからも中国経済が成長を持続する楽観論がある一方、ポスト鄧小平時代に政治的分裂が起こる可能性がある。その影響で中国経済が混乱に陥ると危惧する悲観論もある。ここでそういう論説を詳しく分析するつもりはないが、一つだけ指摘しておくべきことは両方の見方とも一面的という感じがする、前者の楽観論には、過去のデータに基づいて算出された数字をそのまま将来の中国経済に延長しているという単純な欠点がある。経済はまさに生き物であるから、数字では反映できない部分が相当ある。実際現在中国経済を取り巻く環境はかなり厳しいものがある。国有企業の改革問題、腐敗問題、経済の加熱化、都市？農村間格差の拡大、労働者の教育水準問題等々、どれをとっても容易に解決する問題ではない。これらの問題はいずれも中国の政治、経済を左右する難題であるために、これからの中国経済はその成長ペースをある程度落とすことは間違いないであろう。だから総合的に考えれば、中国経済は 10% 前後の成長率を持続していくことはとうてい無理なことは明白である。それにもう一つ、こうした楽観論は「中国脅威論」を煽る論客に利用される恐れすらある。悲観論者は、巨大な中国にしては鄧小平氏の影響力があまりにも強かったから、ポスト鄧小平時代に権力の空白ができることなどを心配していたが、「改革・開放」政策が実施されて以来 19 年間もたった現在ではその成果を誰よりも大切にしていきたいのは中国国民ではないだろうか。その国民が経済を後退させるようなことに目をつぶるはずがない。中国の政治家たちもそれをよく理解していることであろう。鄧小平氏が死去後に、中国指導部が香港返還、中国共産党第 15 回大会など重要行事をうまくこなせたことや中国経済がソフト・ランディングできたことは江沢民体制が安定的な政権基盤を築き挙げていることの証である。低インフレを維持しながら経済の安定成長を図る経済政策も現実的であり、評価するべきであろう。

第2節　「華南経済圏」の中核-香港

「華南経済圏」という発想は、実は 80 年代前半から中国政府によって思考

されていた。台湾を北端とし、長期的には海洋石油開発などエネルギー面で期待が持てる海南省に至るまで、直線距離にして約2,000キロの広がりを持つこの経済圏の中で、香港は実にほぼ中心部に位置している。

　香港経済が80年代に入ってから、いろんな難題に直面した。賃金の上昇、第2次石油価格高騰後の高金利、世界的なデフレーションなど外部環境の悪化、さらに、82年9月に始まった香港返還をめぐる中英交渉などもあって、一時低迷を余儀なくされた。株式、不動産市況が急落し、複数の銀行が経営危機に陥ったこともある。1985年の経済成長率はマイナス0.1%を記録した。香港の成長はここまでかと思われたが、現実には86年11.9%、87年13.9%、88年7.9%、香港経済は89年の天安門事件（2）まで急ピッチの成長に成功した。その原因として挙げられるのは、香港ドルと米ドルが連動する下で香港の製造業が広東省の労働力と結び付き、アジアにおける相対的競争力を一層強めたからにほかならない。

　香港の製造業は80年代初頭より、香港外での操業を検討していた。カリブ海など地球の隅々まで検討した結果、目と鼻の先にある有望な背後地である広東省を選んだのは正解だった。広東省との連携によって強化された抜群

表4－1　香港の製造業の企業規模別構成

（1989年第3四半期）

| 項目 | 企業数 | | 就業者数（人） | |
従業員数（人）	会社数	比率	人数	比率
1-9	34,802	69.7	129,666	16.1
10-19	7,270	14.6	97,739	12.2
20-99	6,654	13.3	276,547	34.5
100-499	1,087	2.2	203,523	25.3
500-999	88	0.2	58,611	7.3
1,000以上	26	0.1	36,896	3.8
合　計	49,926	100.0	802,983	100.0

（出所）HongKong Monthly Digest of statisticsにより作成

図 4 － 2　香港を中核とする華南経済圏

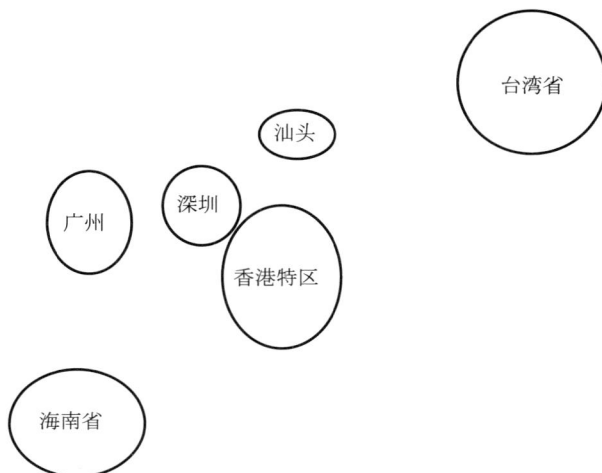

（出所）「華南経済圏特集」『国際経済』1991 年 3 月増刊号　66 頁

　のコスト競争力、常に海外市場を相手としてきた香港企業の柔軟性などは香港返還後も変わることは考えられない。これに第二章で既述した香港が既に持っているほかの有利な条件を加えれば、「華南経済圏」の中核となるのも当然というべきであろう。

　1、戦後香港経済の概観。

　a. 一九七八年までの香港経済。第 2 次世界大戦が終了後、香港は経済の復興が至上命題だった。戦時中香港を追われた人々が戻り、中国の内戦を逃れてきた（3）上海などの資本家も加えて懸命に努力した結果、経済は急速に回復した。しかし、その後の朝鮮戦争などで挫折したり、また持ち直したりして、変化が激しかった。ここではまず 1940 年代以降から 1978 年までの中港関係の変化が、香港経済にどのような影響を与えたか、中港貿易構造の変化を中心に分析してみたい。

図 4 - 3　香港の対外貿易（1947-1959 年）

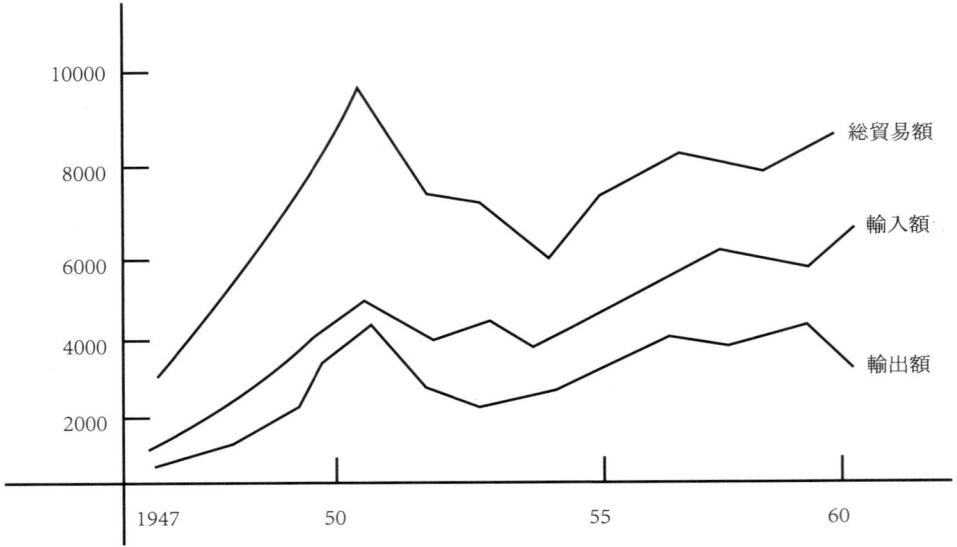

（出所 ）『香港経済貿易統計汇編（1947-1987）』
華潤貿易諮洵有限公司編　1988 年 153 頁

図 4 - 4　貿易額構成比（1947-1989 年）

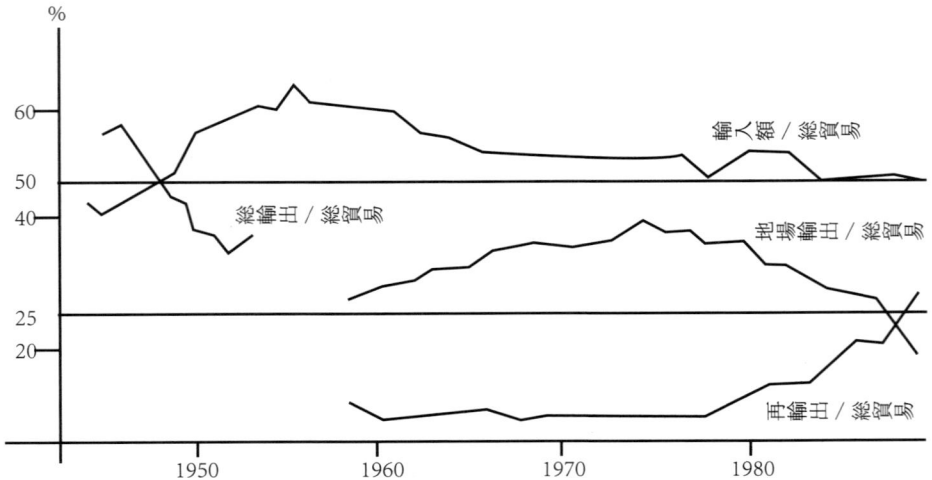

（出所『香港経済貿易統計汇編（1947-1987）』
華潤貿易諮洵有限公司編 , 1988 年 , 165 頁

　図4－3は、1947年から1959年までの対外貿易額をグラフ化したもの
である。これによると、朝鮮戦争が開始される1950年まで輸出額は年平均
45％で急増している。1950年には総貿易額に占める割合も49.5％と、輸入
に匹敵するまでに至っている。1951年も高い増加率を見せた。この時期の
香港経済は貿易業中心である点を考えると、この間の経済復興がいかに急速
なものだったかを理解できる。しかしながら、このような復興は長く続かな
かった。1950年に朝鮮戦争が勃発すると、翌年5月に始まった国連での中
国非難決議に基づいた戦略物資の対中禁輸措置が、香港の中継貿易機能に
決定的な打撃を与えてしまったからである。1952年だけで輸出は34.6％、
輸入は22.4％、貿易総額では28.2％ダウンするという激減を記録してい
る。その後も貿易額は減少を続け、1954年までの三年間に1951年比で輸出
は45.4％、輸入は29.4％、貿易総額は朝鮮戦争以前の水準に回復するのに、
金額ベースで輸入は6年、輸出は14年もかかっている。このショックがい
かに大きな損害を香港経済に与えたかが理解されよう。

　図4－4は1947年から1987年の貿易額を輸出と地場輸出、再輸出（香港
での付加価値25％以下のもの）に分け、その総貿易額に対する割合を示し
たものである。1947年から1958年までは統計上、地場輸出と再輸出の区別
がないため、不完全なグラフとなっている。

　対中禁輸措置の影響は貿易バランスにも顕著に現れている。1951年から
輸出入不均衡が見られ始め、貿易総額が激減した1952年には輸出入バラン
スが総輸出43％に対し、輸入が57％と大幅に膨らんだ。この不均衡の拡大
傾向は1953年の朝鮮戦争停戦後も続き、1957年に総輸出37％、輸入63％
にまで拡大し、そのピークを迎えた。このように朝鮮戦争に伴う対中禁輸
措置により、香港は中継貿易の最大市場である中国を失い、貿易総額の激
減、輸出入不均衡の拡大という苦境に陥る。この結果、貿易拡大のための
産業構造転換が必須の課題となり、地場産業の育成を急がざるをえなくな
るのである。

　1950年代の産業構造転換に多大な寄与をしたのが、中国建国前後から革
命の混乱を逃れて香港に流入してきた上海紡績資本を中心とした実業家たち

と、工場労働者からなる熟練／未熟練労働者群であった。これに中継貿易で蓄積された海外市場とインフラストラクチャーおよび貿易ノウハウが結びつき、香港政庁の積極的不介入政策も功を奏し、アジアで最も早い自由貿易を利用した輸出指向工業化が開始されることとなった。

　図4－4からわかるように、50年代末から香港で繊維産業を中心とする輸出指向工業化が開始されることで地場輸出は徐々に拡大に転じ、その後輸出入のバランスも1957年をピークに回復し始めた。60年代後半からは、香港の繊維、プラスチック等の地場産業が急成長し、外資の対港直接投資も進んだ。そのため地場輸出品の競争力がさらに増し、1964年以降に輸入60％、総輸出40％前後で推移していた貿易バランスが大幅に改善された。ただ地場輸出とは対照的に、再輸出はさらなる低下を続け、60年代を通じてシェアを9％前後まで落として低迷を続ける。

　70年代に入ると、香港の地場産業の成長を阻害するいくつかの要因が顕著になり始める。国際繊維協定（MFA）等の規制により、地場輸出の主力商品である繊維製品の輸出が鈍化したにもかかわらず、年平均5％にも及ぶ実質賃金の上昇と労働力不足が続き、インフレも高進するなかで、地場産業の成長が鈍化し始めたのである。これに加え再輸出の大幅改善が70年代前半まではみられなかったため、図3－3のように輸出入バランスの改善も止まり、70年代前半を通じて輸入は53％前後、地場輸出は36％前後、再輸出は11％前後と硬直化状態が続いた。

　b．一九七八年以降の香港経済。香港の地場産業の成長が低迷し始めたこの時期に、中国が「改革・開放」政策への転換（4）を国策として決定したことが、香港の貿易構造に朝鮮戦争以来の大きな影響を与えた。偶然とは言え、香港にとっては、願ってもない変化である。と言うのは、1979年年初のこの政策転換は、中国での急激な需要拡大を生み、図3－4にみられるように同年より香港の再輸出のシェアが急上昇した、この傾向は80

　年代に入っても継続し、1985年には総輸出50.4％。輸入49.6％と輸出入のバランスが好転、1988年には地場輸出21.9％に対して、再輸出は27.7％と、こちらのバランスも好転しており、その差は現在なお拡大傾向にある。

この貿易バランスの変化がどのように発生したのか、さらに詳しくみよう。図4－5は香港貿易の対大陸シェアを示したものである。これによると、1951年の対中禁輸措置に

図4－5 香港貿易の対大陸シェア（1947–1989年）

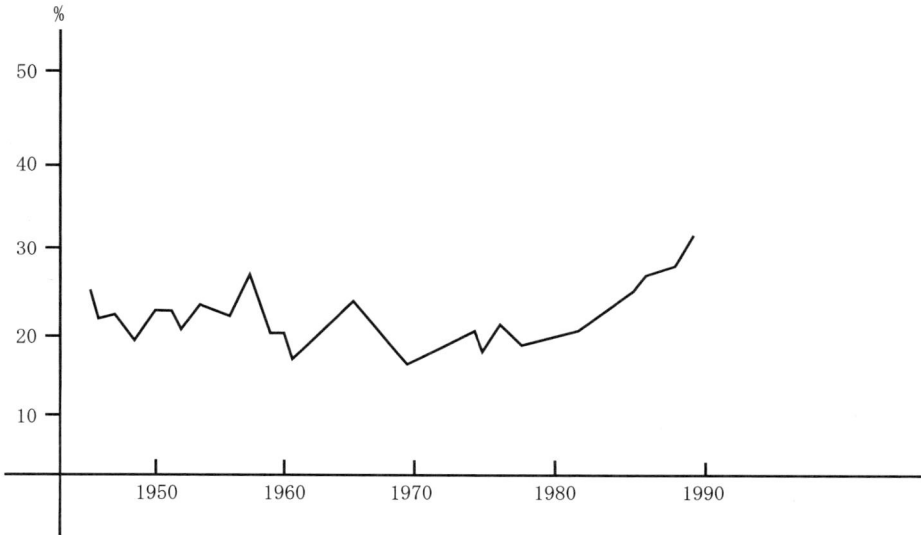

（出所）『香港経済貿易統計汇編（1947-1987）』
華潤貿易諮洵有限公司編, 1988年, 203頁

より総輸出に占める中国のシェアは36.2％から、1957年には4.1％にまで急落している。その後、地場輸出に占める中国のシェアは1978年まで20年間の間にほぼ1％以下であり、地場輸出に対する中国の寄与はほとんど見られない。また再輸出に占める中国のシェアも低下を続け、1969年には1.1％まで落ち込み、60年代後半から1978年までの「文化大革命」時期には2,0％前後で硬直化し、再輸出に対する中国の寄与は地場輸出と同様に非常に小さいものであった。

状況を一変させたのは1979年年初の「改革・開放」政策への転換である。この政策転換により地場輸出のシェアは1977年の0.1％から1989年には19.3％に増加した。再輸出のほうは1978年の1.6％から1985年には一時43.7％へと急上昇している。

　しかしながら再輸出は、その後 1985 年から中国が実施した財政緊縮政策と例の天安門事件の影響で、シェアが急落しており、1989 年は 29.8% にとどまっている。だが、全体としては 1985 年から現在に至るこの期間中は、輸入と地場輸出に占める中国のシェアは上昇し続けており、貿易総額に占めるシェアは 1985 年の 25.8% から 1989 年には 30.3% に増加しており、圧倒的な影響力を示している。香港の輸出指向工業化の時期にあたる 60 年代には、輸出総額に占める地場輸出のシェア拡大に、中国の寄与はほとんど見られなかったが、70 年代末からは地場輸出、再輸出、輸入の全ての項目に中国の強い影響力が見られ、特に再輸出のシェア拡大には絶大な寄与があったと言えよう。また輸出入バランス、すなわち香港の貿易収支改善についても、中国の「改革・開放」政策が与えた影響は非常に大きかった。

　貿易構造の変化が香港の産業構造にも大きな変化をもたらした。図 4 － 6 は国内総生産（ＧＤＰ）の部門別シェアの変化をグラフ化したものである。期間が統計資料の関係上、70 年代から 1988 年までの 19 年間と短く、多少制約はあるが、いくつかの特徴を見出すことができる。

　第 1 に 1979 年に始まった中国の対内改革・対外開放政策の影響で、「製造業」のシェアが急減しており、19 年間に 5.9 ポイントも減少ていることである。これは香港製造業の労働集約部門が中国をはじめとする発展途上国に生産をシフトし始めているためである。

　第 2 に 1982 － 1985 年の間、香港の将来を決定する中英交渉が難航した時に「金融、保険、不動産、商業サービス」項目が減少、1982 年～ 1984 年の間に 6.7 ポイント減少した後、回復に転じている。「建築業」にも同様な働きが見られ、同期間に 2 ポイント減少、その後も低下し続けている。以上の 2 項目は 1997 年の返還問題と関係して政治問題に影響されやすい項目であり、今後も政治情勢の変化などで、不安定な動きが見られるかもしれない。

図4－6　GDPの産業別シェア（1970-1988 年）

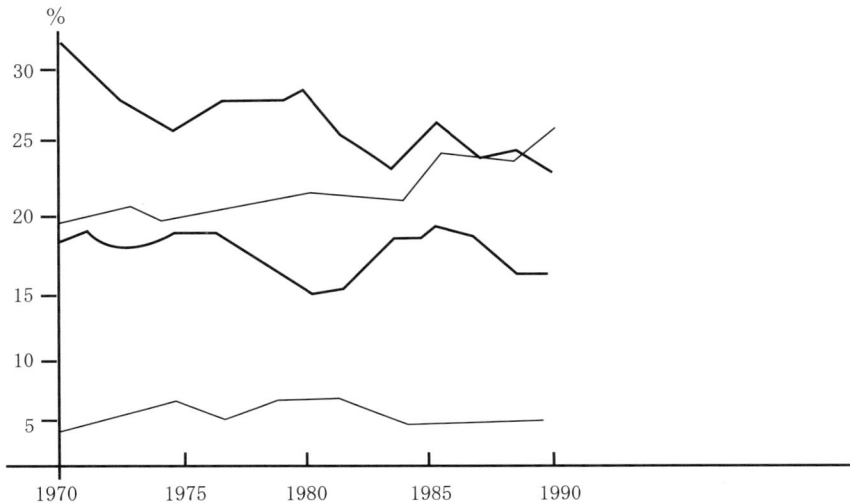

（出所）：『香港経済貿易統計汇編（1947-1987）』
華潤貿易諮洵有限公司編 , 1988 年 , 254 頁

　第3に、「小売、卸売、レストラン、ホテル」の項目が、1983 年以降増加
していることである。1988 年までに 5.1 ポイントも上昇している。その原
因として、1983 年 10 月 17 日に香港政庁が為替市場における香港ドル防衛
策を発表し、香港ドルを米ドルにリンク（1 米ドル＝ 7.8 香港ドル）させた
ことで、香港ドルの下落を食い止め、安定化させたためである。観光都市香
港の旅行関連産業の好調ぶりを伺うことができる。

　以上、図3－5の各項目の動向を第一次産業から第三次産業に分類してみ
ると、70 年以降ほぼ安定的に推移していた第一次産業、第二次産業、第三
次産業の各部門が、中国の「改革・開放」政策の影響を受け、流動化し始め
た。1979 年～ 1988 年の間に第二次産業がは 7.4 ポイント減少し、第三次産
業は 8.4 ポイント増加しており、この格差はさらに拡大する傾向にある。

　第一次、第二次産業の低下分を、第三次産業が吸収している。中国の「改
革・開放政策」の影響は香港製造業の広東省を中心とした海外移転とサービ
ス産業化という形で現れている。西側先進国で一般的に見られる成長パター
ンとして、第一次、第二次産業の労働集約的部門が海外移転する中、第三次

産業が拡大、高度化していくという傾向が見受けられる。香港の一人当たりＧＤＰが、1989 年に既に 10，900 米ドル（5）に達していることからも、香港の経済構造が先進国型になりつつあると考えられる。

　2、「香港基本法」の経済規定と企業制度。香港は 1997 年 7 月 1 日に中国に返還された。政治のレベルでは、香港は中国の統治に復帰したという事実は、「一国両制」の名の下に 50 年間の自治が認められているとは言え、これまで比較的「自由」であった政治体制が、中国社会主義という集権的システムに取り込まれていくことを考えると、不確定要素がまだあると言えよう。しかし、経済レベルではそれとは逆の現象が進行していると言える。即ち、1979 年以来の中国経済の「改革？開放」政策の実施とともに、香港の隣に位置する深圳などを「経済特区」に指定したことは、香港にその中枢たることを期待していたことの証左である。香港は「華南経済圏」というアジア「地域経済圏」のなかで最も現実性のある経済圏の中枢たる位置を確固として占めている。この視点から見れば、香港の中国復帰はそれまでボーダーを越えてインフォーマルに形成されつつあった経済圏が公式に認知されることになる。つまり、香港が正式に中国南部を自己の経済圏に取り込むと言えなくもないからである。「香港特別行政区基本法」（以下基本法という）は、この中枢都市香港に、現在「市場経済」を模索しているとは言え、社会主義中国とは異なった「資本主義体制」を維持することを認めている。

　a. 経済規定。基本法は第五章、経済（第 105 条〜 135 条）において香港の経済的自治を認める広範な規定を設けている。なによりも重要な点は、個人及び法人の私的所有権（使用、収益、処分権）を全面的に認め、その収用については市価による補償を要求していることである（第 105 条）。なかでも、最も重要な土地保有権については、1997 年以降も 2047 年に至るまで、既存の土地保有制度を維持する旨を定め（第 121 条）、新界の慣習的土地保有についても、一定の要件下でその継続を認めている。

　このような私的所有権の全面的承認に加えて、財政上の自主権も重要である。即ち、香港特別行政区政府は財政的独立を保持するものとされ、財政収入は中央政府に上納することなく（第 106 条）、また、独自の租税制度を維

持することができる（第108条）。ただし、このような自主権の見返りとして均衡財政を要求している。さらに、これまでと同様、独自の金融政策？金融制度を維持することがみとめられ（第110条）、また従来通り、自由通貨である香港ドルを発行することも認められているが、通貨発行には100％の準備金が要求されている（第111条）。この超均衡主義という姿勢は基本的には自由貿易都市香港の伝統を受け継ぐものであり、また広範な経済的自治の当然の見返りと考えられよう。しかし、先述の財政均衡の規定とともに、香港の財政・金融を完全な市場調節機能に委ねるものであり、香港政府の政策の幅は著しく限られたものとなっている。同様に香港政府は外為規制は行わず、香港ドルの　換性は保証されている。香港政府は外国為替基金の管理権を有するが、これは主として香港ドルのレート調節に使用される（第114条）。

　貿易に関しても、自由貿易政策の遂行が宣言され、貨物、無体財産及び資本の移動の自由が保障されている（第115条）。また独自の関税地区とされ、「中国香港」の名称で、国際貿易協定などに加盟することができ、これまで香港が締結してきたこれらの取り決めはそのまま効力を継続する（第116条）。香港は独自の原産地証明書を発行することができる（第117条）。香港政府は、投資及び技術革新や新興工業の促進やその国際センターとしての地位を確保するための経済的？法律的環境を整備する（第109条、118条）とともに、各種の産業を振興し、環境保護をはかることが義務付けられる（第119条）。

　基本法はさらに土地、海運及び民間航空についても特別の規定をおいている。土地に関して、香港の土地制度では、その大半がイギリス女王が最高土地所有権者であり、実際の所有権はそれからの借地という構成をとっていたが、基本法はそのまま踏襲する（第120条）とともに1985年以降のもので97年以降2047年まで継続するものについては、評価額の3％に相当する借地料を支払うとの条件で、このような借地契約の効力を認めている。さらに、新界の村落内の宅地などの借地権については、84年以前のもの（小宅地はそれ以降のものであっても）については、借地人の父方が1898年に（新界租借年）に当該村落住民になった場合は、当該土地が借地人本人またはその

父系相続人である限り、借地料を変更しないとしている（第122条）。

　香港の重要な経済的機能でもある海運については、香港政府は独自の海運政策を立案・実施することができ、また、「中国香港」という名称での船籍登録を行うことも認められている（第124条、第125条）。私営の海運業やコンテナー事業についても従来通り認められる（第127条）。

　民間航空についても、香港政府は国際航空、地域航空のセンターたる地位を保持するように努めねばならず（第128条）、自らの航空機登録を含む民間航空管理制度や空港の管理を引き続き維持する（第129条、第130条）。外国航空機の香港への進入は中央政府の特別許可を要する（第129条）。中央政府は、

　香港と中国のその他の地域を経由する外国との国際定期航空協定や取り決めについては締結権を有しているが、その締結に際しては香港政府は協議に参加することができる（第132条）。もっとも、香港のみを経由する国際航空協定については、従来通り協定の改訂を含み、中央政府の個別的な授権により、香港政府が締結権を有し（第133条）、香港政府はこれらの協定に基づく取り決めや措置などについて一般的に授権されている（第134条）。香港内に登記されている既存の航空会社はその営業を引き続き認められる（第135条）。

　b. 企業制度。基本法は以上みたところから理解されるように、経済体制については政治システムとは対照的に広範な自治を認めている。中国政府の香港に期待するものは、「華南経済圏」のセンターとしての香港をこれまで通り維持することにより、この地域の急速な発展を持続するところにある。

　基本法は、このようなシステムの維持に法制度が重要な役割を演じることについては随所で表明している。そこでの法制度とは、イギリス法たるコモンローであることはいうまでもない。この法制度が「華南経済圏」の生成とともにどの程度広がりつつあるのか、またはそうではなく、それは香港に限定されているのかについてはさらに検討を要する。しかし、中枢である香港の整備された法制度は、この地域に散らばる子会社や工場を通じて、企業経営や日常的な商取引に有形・無形の影響を及ぼしていると想像するのが自然

である。

　香港が整備された証券取引制度や銀行制度により、「華南経済圏」の発展に寄与したことは広く認められるところであり、これらは、中国にとってもかけがえのない資産である。特に証券取引所に関しては、中国の国有企業が自ら或いは子会社を上場させる例が多く、またこれらの企業が香港上場企業を買収する例も増えている。これらの企業は上場に際して、当然香港証券取引所およびその監督機関である証券監督委員会の定める会計基準や情報開示要件を尊守することを要求されるが、企業はその過程で国際的な企業会計ばかりでなく、企業経営のノウハウを学ぶことができるのである。それが、やがては本土の企業経営に採用されることは十分予測できる。

　現時点では、上海や深圳の証券取引所はまだ未成熟であり、香港の制度をそのまま通用するとは考えにくいが、本土で実施されようとしている「株式制」が本格的に始動を始めるならば、さらに整備された証券規制が必要となることはいうまでもない。この場合、既にノウハウを得ている香港型のシステムが急速に一般化する可能性があるとみて良い。

　中国企業の香港への投資が活発化するにつれて、逆にイギリス流の香港での企業会計制度、経営慣行が変化する可能性も指摘されているが、既に香港の大企業の多くは華人資本の支配する企業であり、この十数年間、ジャーディン？マセソンやスワイヤのような一部の英系「大君」企業の凋落傾向が著しく、多くは本国やその他の地域に投資を分散化させつつある。これに対して、華人企業は香港に進出する中国企業との連携を強めている。そこには、香港のイギリス法の影響の強い企業法制とは別に、欧米型の企業経営とは異なったいわば「中華型」の企業経営が生み出されつつある。

　この「中華型」企業経営の内容については後に第4章で詳しく検討するが、東南アジアの華人企業と深く共通しているものであることは間違いない。事実、香港を中心にして、中資企業、香港華人企業及び東南アジアの華人系企業の三者が連携しながら、中国本土や東南アジアで積極的な企業活動を展開しているという構図はかなり一般化している。とは言え、この場合でも、これらの企業活動を合理的なものとして枠づけるものとして、香港の企業法制

度が重要な役割を果たしていることは否定できないのである。

第3節　戦後台湾の経済

　戦後台湾の産業が目ざましい発展を遂げてきた。産業は経済の基軸であり、台湾の経済発展をもたらしたのはまさにこの産業発展である。社会経済おける産業の発展は一般に産業化とも工業化とも言い替えられるが、産業化にはいろんな意味が含まれている。広義の産業化とは工業に限らす、農業、サービス業を含めた産業全般がビジネスとして経営されることを言う。狭義の産業化とは工業化とも言い替えられ、文字通り農業に対する工業の発展を指し、特に伝統的産業に対する近代的産業の発展を意味する。本節では広義の産業化概念を踏まえながら、分析対象として狭義の産業化＝工業化に限定したい。さらに工業のなかでも、範囲を特に製造業に限定する。つまり、製造業の発展を持って工業化と規定する。実際工業化とは製造業の拡大発展と理解されている面も一般的であり、そういう意味で台湾は戦後、目ざましい工業化を遂げてきたのである。

　1950年代の台湾は、国民党政府の台湾移転、朝鮮戦争、台湾と中国大陸との再分断で独自の国民経済を構成することになった。米国からの援助が再開され、農地改革が順調に進み、インフレも鎮静化していく中で、産業復興の条件を整えた後、1953年に第1次経済建設四カ年計画が策定された。その目標は経済の安定にあった。それは当時においては、経済の再建が何よりの急務であったためである。しかし、最大の問題は資本と外貨の不足にあったが、この不足を埋めたのは米国の援助と米糖輸出であった。当時の台湾産業は、いわゆる基幹産業はほぼ官営企業で、最大の糖業をはじめ肥料、ソーダ、石油、アルミニウム、機械、造船、塩業、紡績、食品など広範囲に渡って官業が資本額、規模で民営企業に比べて格段に大きかった。完全に官業独占体制ともいうべき構造であった。そしてこれらの企業はすべて戦前の日本独占資本を戦後接収で受け継いだものである。ここに戦後台湾産業構造の基本的特徴がある。

　周辺産業は民業が中心であるが、二つの資本系譜がある、一つは土着の地主階層である。農地改革を契機に政府から四大官業（セメント、紙業、工鑛、農林）の払い下げを受け、主として食品、セメント、製紙、農産加工などの

表4－7製造業の業種別官民営別企業数と資本額（1954年）

金額単位：百万台湾元　企業数：社

官民営別 業種別	合計		官営		民営	
	企業数	資本額	企業数	資本額	企業数	資本額
食品	11,675	1,365	10	1,108	11,665	257
タバコ	1	358	1	358	0	0
紡績	2,013	502	6	316	2,007	186
アパレル・履物	5,030	27	0	0	5,030	27
木・竹製品	2,950	74	2	28	2,948	46
皮革・皮革製品	202	4	0	0	202	4
家具	2,030	10	0	0	2,039	10
製紙・紙製品	216	320	1	－	215	320
印刷・出版	739	37	11	13	728	24
化学	1,268	357	7	306	1,261	51
石油・石炭製品	182	141	1	140	181	1
ゴム・プラスチック	319	17	0	0	319	17
非金属鉱物製品	1,935	586	2	－	1,933	586
一次金属	68	78	2	68	66	10
金属製品	3,007	29	3	6	3,004	23
一般機械製造修理	1,044	28	1	7	1,043	21
電気機器製造修理	729	13	0	0	720	13
輸送機器製造修理	3,443	31	4	12	3,439	19
その他	2,888	41	1	7	2,877	34
合計	39,748	4,018	52	2,369	39,696	1,649
比率	100%	100%	0.1%	59.6%	99.9%	40.4%

（出所）台湾省工商普査執行小組『台湾省工商普査総報告（1954）』（台北），1956年総表3の12－14頁により作成

　業種に進出している。なおこれらは戦前日本人経営の中小企業を戦後いったん国有化したものである。もう一つは中国大陸の亡命資本であり、殆どが

紡績資本である。上海地域を中心に1949年前後に大挙して移転してきたものである。これがその後台湾産業の基軸をなす紡績産業の発展の端緒となった。この点は台湾に特有の発展要因ともいえよう。そこで表3－4をみると、民営企業は以上に挙げた特定の業種以外ではきわめて零細であり、官業に比べると、企業数では99.9％を占めながら、資本額では40.4％を占めるにすぎない。この辺に植民地経済の特徴が出ている。

　以上みたように台湾の産業発展はゼロからのスタートではなく、一定の歴史的基盤に立って発展している[6]。しかし、それが官民二重構造という現在の資本主義的発展からみれば、異質な産業構造に再編されている点である。この特質はその後の産業構造の基本的性格を規定してきた。

　次に官民営別に産業発展をみると、まず官業である基幹産業のなかに、成長を主導したのは糖業、肥料、電力の三部門である。これらは当時の戦略産業として位置づけられ、政策的に重点投資の対象部門であった。糖業は「分糖制」により

　農民の余剰糖を収奪し、政府の強力な外貨獲得手段となった。また、肥料は「米肥バーター制」を通じて、農民から余剰米を収奪し、政府の食料集荷手段の一端となった。この過程においては肥料工業は農民の犠牲で資本を蓄積した一面がある。糖業と肥料業は農業余剰の収奪手段として機能した。そして、電力においては逆に低電価政策を採り、主導工業部門の資本蓄積をエネルギー供給面から支えた[7]。この時期のもう一つの特徴としてアメリカの資金援助への依存がある。50年代において主要官営企業の資本支出状況を示したのは表3－5である。糖業、肥料、電力の3部門に投資が集中している。この3部門で80－90％を占めている。このうち電力部門が圧倒的に大きく、全体の半分から三分の二を占め、突出している。そしてより重要なことは資本支出の資金源の65％はアメリカ援助資金による点である。このアメリカ援助が官業を支えたのである。事実、電力開発はアメリカの援助なしにはできず、肥料工業の発展は電力抜きには考えられな

表 4-8　主要官営企業の資本支出（設備投資）状況（1954－1958年）

単位：千元台湾省元

年度 会社	1954		1956		1958	
台湾電力公司	307,952	69.1%	518,839	50.7%	1,277,424	64.6%
台湾糖業公司	41,445	9.3%	137,300	13.4%	223,007	11.3%
台湾肥料公司	13,225	3.0%	246,184	24.0%	288,657	14.6%
中国石油公司	33,605	7.6%	35,535	3.5%	84,973	4.3%
台湾アルミ公司	8,385	1.9%	16,119	1.6%	20,445	1.0%
その他 10 社	40,796	9.1%	69,802	6.8%	82,581	4.2%
計 15 社	445,438	100.0%	1,023,859	100.0%	1,977,157	100.0%

出所：袁宏「国営工鑛事業経営概況」月刊『台湾省経済』1960 年 6 月号 25 頁

　い。このように、アメリカの援助が輸入代替期の経済政策及び工業発展に果たした役割が非常に大きいものであった。

　民営企業はこの時期殆どの業種に成長がみられた。これらの産業は過去に十分に開発されず、この時期にも国内市場を中心にして発展してきたいわば輸入代替的発展である。なかでも特に主導的役割を果たしたのは食品、紡績、セメント、製紙の4部門である。工業化の初期において食品と紡績の2部門が輸入代替産業の主導的役割を果たすのは、台湾に限らず、発展途上国一般に見られる現象である。台湾の場合、食品工業は伝統的な基盤を持ち、紡績工業は戦後大陸から移転してきて、短期間のうちに急速に発展を遂げた点に特徴がある。

　1950 年代末頃から台湾は輸入代替から輸出指向工業化への転換をはかった。この時期に採られた一連の制度改革と外資導入政策が契機となった。制度改革の中心は為替貿易改革と投資奨励政策であり、いわば投資環境を整備して民間投資を奨励し、外資を誘致して輸出を促進することである。輸入代替工業が国内市場が小さいため、その限界が見え始めた 1958 年、輸出市

場への進出なしにはこれ以上の発展が望めないとみた当局は為替貿易改革に踏み切った。為替の複式レートを単一レート化すると同時に輸出に不利な為替レートの過大評価を是正し、従来の消極的な貿易規制から積極的な輸出奨励への政策転換をはかった。続いて 1960 年「19 項目財経改革措置」が提案された。その要旨は次の 2 点にある。経済の正常化と経済運営の制度化である。同年に投資環境を大きく変えた投資奨励条例も制定された。外資導入措置はまず 1952 年にアメリカとの間に「米台投資保障協定」が結ばれ、1954 年に外国人投資条例、1955 年に「華僑帰国投資条例」を立て続けに制定した。しかしすぐには成果を収めるには至らなかった。理由は内容的に不備があるほか、国際的な条件が未熟であった。この点では後の投資奨励条例が外国人投資条例の不備をカバーすると同時に国際環境の条件からみても時宜を得ていた。日米欧の戦後経済復興が一段落して、多国籍企業の進出が活発化していた。また、ＩＭＦ・ＧＡＴＴ体制下の世界的な自由貿易体制が機能し、先進国の市場開放が進展し始めていた。日米欧を中心とする外国資本が数年のうちに大挙して台湾に進出してきた (8)。1965 年に台湾は他の発展途上国を先駆けて、外資専用の輸出加工区を設立し、外資の誘致を確かなものにした (9)。この年はまたアメリカの援助が停止された年でもある。外資の進出はこの欠落を埋めるにとどまらず、その後の工業発展に極めて大きなインパクトを与え、台湾の輸出指向工業化への転換を国際的にリードしたのである。

　外国資本の進出状況を示すのは表 3 - 6 である。華人資本と外国人資本の 2 種類に分けているが、まず全体的にみると、1952 年から 90 年までの投資が合計 5,773 件、金額 133 億米ドルに達した。このうち華人資本が 2,188 件、20 億米ドルである。外国人資本が 3,585 件、113 億米ドルである。金額的には外国人資本が全体の 85.3％と圧倒的に多い。外国人資本についてみると、日本資本が 1,819 件、37 億米ドルで、1 位である。次はアメリカ資本の 811 件、33 億米ドルである。日米合計で金額全体の 61.7％を占めて基軸をなしている。時期的な動向推移をみると、1950 年代の復興期＝輸入代替期における資本の進出がごくわずかであったが、1960 年代の成

長期に入ると、一挙に進出が増大している。外資進出の本格的始まりは台湾の輸出指向工業化への転換と歩調を同じくしている。その後年を追って増え続け、規模も大型化し、特に1980年代後半に大幅な増加がみられた。これは日本とヨーロッパ資本の進出が急増したためである。特に日系資本が米系資本を上回って1位の座についたのは1987年であり、日米経済の逆転はここにも影を落としている。

表4－9　時期別外国資本進出の推移（1952－90年）

単位：件、百万米ドル

項目／年度	合　計		華人資本		外国人資本	
	件数	金額	件数	金額	件数	金額
合　計	5,773	13,251	2,188	1,953	3,585	11,298
1952-63	189	73	114	28	75	45
1964-73	1,746	1,024	988	254	758	770
1974-85	1,536	4,062	645	892	891	3,170
1986-90	2,302	8,092	441	779	1,861	7,313
1986	286	770	80	65	206	706
1987	480	1,419	117	196	363	1,223
1988	527	1,183	89	121	438	1,061
1989	548	2,418	70	177	478	2,241
1990	461	2,302	85	220	376	2,082

注：1）件数の集計が不一致がある。
　　2）金額は四捨五入の為、末端の数に1の誤差がある。
（出所）CEPD, Tiwan statistical Data, 1991, PP. 264-266

　なお、華人資本は外国人資本との区別は国籍ではなく、台湾の在外僑務機構が認めた者となっている。したがって、実質な在外中国人、言い替えれば民族的な「血統」を目安にしている。この意味では極めて特殊な性格を持っており、民族感情を持つ華人資本の国際的ネットワークを経済発展に活用し

たい当局の政策的配慮が伺われる。地域的には香港がもっとも多く、次が日本となっているが、台湾経済との関わりは、おのずと日米資本とは異なっている。

表 4 - 10 外国資本の内訳（1952 - 90 年）

単位：件、百万米ドル

年度 \ 国別	日本資本		アメリカ資本		欧州資本		その他資本	
	件数	金額	件数	金額	件数	金額	件数	金額
合　計	1,819	3,682 32.6%	811	3,292 29.1%	408	2,011 17.8%	548	2,313 20.5%
1952 -63	37	7 15.6%	33	37 82.2%	1	0.1 0.0%	4	1 2.2%
1964 -73	484	147 19.1%	186	353 45.9%	39	159 20.6%	49	111 14.4%
1974 -85	379	977 30.8%	287	1,331 42.0%	78	391 12.3%	149	471 14.9%
1986 -90	919	2,552 34.9%	305	1,571 21.5%	288	1,460 20.0%	350	1,730 23.6%
1986	88	254 36.0%	56	138 19.5%	24	140 19.8%	38	174 24.6%
1987	207	399 32.6%	74	414 33.9%	38	234 19.1%	44	175 14.3%
1988	212	432 40.7%	60	135 12.7%	75	206 19.4%	92	288 27.1%
1989	233	641 28.6%	54	343 15.3%	85	531 23.7%	106	726 32.4%
1990	179	827 39.7%	61	540 25.9%	66	348 16.7%	70	366 17.5%

注：1）件数の集計が不一致がある。
　　2）金額は四捨五入の為、末端の数に 1 の誤差がある。
（出所）CEPD, Tiwan statistical Data, 1991, PP. 264-266

　いずれにしても、台湾の工業化はこの時期、外国からの資本と技術、経営資源を受け入れることによって、製品の国際競争力を高め、輸出市場への進出を成し遂げて新しい段階を迎えることになった。この場合、台湾の最大の比較優位は低賃金労働であり、輸出指向工業化は必然的に労働集約型産業に特化して発展したのである。それが故に、近年の所得の向上により賃金水準が上昇して、低賃金労働の国際的比較優位が喪失しつつあるなかで、台湾は付加価値の高い資本？技術集約型産業の育成と発展を迫られている。賃金上昇と労働力不足により国際競争力の比較優位を喪失しつつある労働集約型輸出加工業を中心に東南アジア、それに表には出ていないが、中国大陸への企業進出が激増している。

　台湾の対外投資は輸出市場における中堅、中小企業の比重からして、これら企業が多数を占めているが、近年では、政府系巨大企業や民間大手企業の動きもみられるようになった。国内投資環境悪化と資源確保の必要性もさることながら、対外投資を外交手段に駆使しようとする政府の思惑も見受けられる。台湾の対外投資は「経済先行、政治追随」という形で展開する面を持っていることに一つの特色がある。しかし、中国大陸への台湾資本の大量進出により、政府が対中接近を余儀なくさせられることは予想外であった。直接投資の増大がそのまま貿易の増大をもたらした。この投資と貿易の両面にわたって対中国大陸への接近と経済関係の深まりは、台湾経済の今後を大きく左右する要因になりつつある。この点に関しては第一章で既述した通りである。台湾政府は対中国投資に関して未だにはっきりとした方針を示せないでいる。経済的の流れからして企業の対中投資を制限すべきではないが、政治的には硬い態度を採らざるをえないため、企業は巧みに海外現地法人等を通じて対中投資を行っているケースが多い。直接投資は制限が多く業種も限られているためである。台湾民間最大企業グループである台湾プラスチック工業（会長王永慶）が1991年に対岸の福建省アモイに70億米ドルにのぼる投資計画を進めるときは台湾のアキレス腱を直撃する形で、いわゆる「王永慶ショック」をもたらした。同投資計画をめぐって台湾の企業界が大いに揺れた。製造業上位1，000社に

よるアンケート回答では同計画に積極的賛成が 21.5%、それに理解を示す 69.2% を合わせると、肯定的な支持が 90% を超える。その背景には台湾の投資環境の悪化（60.5%）、なかでも治安問題、社会倫理の低下、労働問題の三つが上位を占め、大きく投影している。ここに台湾経済の現在直面する課題を端的に示しているように思う。

　このように、台湾資本が大陸に積極的に進出しているのに、台湾は中国資本の台湾への進出を基本的には禁止している。中国資本が 20% 以上入っている外国企業の台湾投資も認めていない。しかし、1995 年 12 月にマカオー台湾路線に就航したマカオ航空は中国資本が 51% も入っている。また、特例として 96 年 6 月 13 日に香港ー台湾路線の新航空協定で香港の港龍航空（ドラゴン航空）の参入も台湾が認めた。港龍航空の資本構成を見ると、中航集団の 35.86% と中信泰富の 28.50% を合わせると、合計 64.36% もの中国資本が入っていることが分かる。さらに台湾経済部の投資審議委員会が 96 年 7 月に香港テレコム（中国資本の株式持ち分は 8%）社による国民党の党営企業である台湾電信網サービス有限公司への資本参加を認可、97 年 10 月には財政部が香港東亜銀行（中国資本 11.8%）の台湾支店開設を正式に認可した。これらは、中国資本が 20% 以上入っている外国企業の投資禁止という原則を有名無実なものにしたといえる。台湾は大陸側の経済活動を通じての既成事実作りには従来から警戒してきたが、大陸との問題はもはや拒否だけでは済まなくなっている。大陸側の「攻勢」に対していままで対応策を講じなかったつけが回ってきたといえよう。今後において、台湾当局は中国資本の台湾への投資枠の拡大も考慮せざるをえない状態になりそうである。

　中台間接貿易の 1995 年の統計では、貿易総額は前年比 27.1% 増の 209 億 8,960 万米ドルで、対中輸出額は 178 億 9,820 万米ドル（前年比 22.1 増）、対中輸入額は 30 億 9, 140 万米ドル（同 66.3% 増）と、台湾側の 148 億 680 万米ドルの貿易黒字という計算になる。同年台湾の対外貿易全体の黒字額は 81 億 2, 000 万米ドルであったことを考えると、中国との貿易を中断したとしたら、台湾の 95 年度対外貿易は赤字ということになるだけに、

台湾にとって、中国大陸市場は不可欠な存在になりつつあることはいうまでもない。

第4節　華南三省の経済

1、80年代における広東省の経済成長。1980年代、広東省は中国で最も速い地域的経済発展を遂げ、先進地域となった。国内総生産（GDP）と国民収入は、全国でそれぞれ1位、2位になった。1990年には、広東省の国内総生産額、輸出総額、社会商品小売総額、金融機関貸付総額等マクロ指標は全国で1位、工業・農業生産額は第2位を占めるようになった。経済成長よりもさらに有意義なことは、全社会にすさまじい経済活力を持つようになったことである。この経済力は中国が厳しい「緊縮」政策を実施した1990年にも、国内総生産を10％も増加させた。

広東省は香港・マカオに隣接しており、海外にも多くの広東省出身の華人がいる。海外との連絡が便利である。この条件のもとで輸出指向型経済政策を採用された。これが広東省に二つのメリットをもたらした。国際市場への輸出は、見返りに技の術移転、生産効率の向上をもたらし、国内への「輸出」は、資本の蓄積をもたらした。労働集約型商品の輸出は外貨、技術革新、原料輸入をもたらすとともに、耐久消費財を生産する新しい産業の発展を刺激し、国内市場の大量の需要に遭遇した。そして、輸出産業の外貨と人民元の間の資金バランスを保証しなから、資本の蓄積ができた。この輸出体制は広東省経済の良性循環を形成させた。

80年代初期、広東省は主に農産物やその副産品、工業用鉱産物などの第一次産品を輸出した（全体の58.4％）。その後、輸出の拡大と「三来一補」企業の発展は広東省の収入を大幅に増大させ、技術、設備、原料、部品輸入の拡大を可能にした。特に1985年以降、このような輸入品のレベルが急速に向上した。1986年〜90年までに広東省が利用した外資は211億8.000万米ドルにのぼり、そのうち52億7.000万ドルは10万セットの技術設備の購入に使われた。それは年平均12.3％の増加であった。外国資本に押さ

れ、広東省の工業の流通部門は、10 万元人民元またはそれ以上かかる 1 万 1,
000 件の技術革新プロジェクトを請け負った。これらの企業の 70％は広範囲
において技術的に向上した。86 年から 90 年までの広東省企業の包括的技術
水準は 80 年以前に比べて 20 年以上進んだと言われている。新技術と各種部
品の輸入は、電子工業や家電産業を刺激した。1986 年から 90 年までの広東
省の耐久消費財生産の成長率は、全国のそれを大きく上回っていた。電子工
業と日用金属製造業の生産額は、それぞれ 53.6％と 28％という急激な年平
均成長を遂げた。広東省の経済構造の巨大な転換は、輸出部門を増大させた。
1980 年に輸出額が全体生産額のわずか 30％だった軽工業部門では、90 年に
は輸出額は全体生産額の 55.4％に達した。

表 4-11　広東省の輸入構成

単位：億米ドル

内訳＼年度	1986	1987	1988	1989	1990
輸入額	36.3	36.9	51.5	48.3	57.5
技術・設備・機械	9.1	8.4	10.2	11.0	14.3
金属・鉱物	2.6	3.0	3.7	4.9	3.7
石油・化学製品	2.7	5.3	11.3	9.9	10.2
繊　維	7.6	14.2	17.9	13.1	18.3
穀物・食糧油	2.3	4.2	5.2	6.2	7.7
その他	2.1	1.7	2.8	3.1	3.2

出所：丸屋豊二郎編『広東省の経済発展メカニズム』アジア経済研究所 1993 年, 40 頁

　80 年代を通じて、広東省の輸出指向型経済の発展は「大量輸入、大量輸
出」構造を特徴としていた。市場取引は 3：3：4 の比率を示した。つまり、
製品の 3 割は広東省以外の国内市場に売られ、3 割が外国に輸出され、4 割
は広東省内に売られるということである。国際市場と国内市場との産業貿易
は連動するなかで、特に 85 年から 87 年の間、広東省の産業構造に重大な変
化をみることができる。まず、広東省の伝統的対外輸出産業である農業と繊
維産業が、8 大産業のなかでまだ輸出の上位を占めている（表 3 － 9 参照）。

85年の対外輸出はそれほど高くないが、87年の数値は急激に増大している。対外輸入も同様に増大しており、それが主に原料である。次に最も国内輸入に頼っていた産業—石油、化学及び機械産業は原料の国内輸入により、製品の対内、対外輸出の双方ともかなり増大した。原料不足の広東省にあって、このような原料輸入は加工工業の拡大を意味する。第3に食料品、電気及び機械、電子産業は広東省外の国内市場への輸出に依存している。80年代の技術移転は主としてこれら三つの産業に集中している。その結果、技術的にはほかの国内地域の相手を凌ぎ、急速に国内市場を拡大できた。これら三つの産業の原料の輸入地域は異なっている。食品産業は国内輸入に頼っている。電気機械工業も同様であるが、一部は国外にも頼っている。それに対して、電子産業は主に対外輸入に頼っている。これら三つの産業が対外輸出で高い伸び率を見せ、その輸入の伸び率を上回っている。これが次第に広東省の貿易構造を転換させていった。

表4－12　広東省の主要輸入及び輸出産業

単位：億米ドル

年度 業種別	国内輸出 1985　1987	国外輸出 1985　1987	国内輸入 1985　1987	国外輸入 1985　1987
農　業	21.5　18.8	9.5　22.8	18.7　19.1	0.2　1.8
食料品	21.1　47.7	8.9　20.5	20.0　47.6	2.0　7.3
繊　維	8.5　15.2	12.9　27.6	14.3　24.7	0.7　13.4
石　油	7.6　14.6	4.6　3.1	21.0　30.0	0.4　7.2
化学工業	19.1　34.2	6.1　22.1	18.4　81.2	7.1　22.6
機　械	8.9　17.9	3.4　6.1	5.3　40.4	15.0　21.1
電気機械	7.1　31.2	4.1　8.1	2.5　18.3	3.7　5.3
????????16.5　38.5		1.7　10.8	4.7　13.2	17.9　16.7

（出所）丸屋豊二郎編『広東省の経済発展メカニズム』アジア経済研究所，1993年，42頁

　広東省の経験は中国現在の経済状況のもとでは、海外？国内市場を獲得する為には、伝統的製品の海外市場での販路を積極的に開拓し、変わりに外貨と技術移転を獲なければならない。そして、これが国内市場に資本を求める新興産業の成長を促進する。その過程で伝統製品は次第にとって変わられ、さらに進んだ技術を持つ新興産業が導入される。それによって、異なる市場の需要に異なる技術レベルでそれに対応できる産業が育成されるという広東省の輸出指向型経済の成長は以下の三つの要因があった。

　まず、香港に隣接するという恵まれた経済環境である。1980年代は、アジア「四小龍」（アジアNIEs）は労働集約型産業の域外シフトを始めた時期であった。その地理的条件と安価の労働力を求めて多くの香港、台湾企業は珠江デルタ地域に集中的に進出した。1990年までに広東省に1万2.000社の「三資企業」が設立された。その他に1万8，000社の「三来一補」企業がある。その90％は香港から来たものである。また、香港の毛皮、電子、プラスチック産業の70％が珠江デルタ地域に移転した。これが広東省に先進技術と販売網をもたらした。

　同時に、中国は徹底的な経済改革を実施し、国民の長年抑制されてきた消費意欲が解放された。1980年から85までの5年間は、かつて商品を購入する際に必需品だけに限定していた中国の消費者が次第に耐久消費財を購入するようになった時期であった。しかし、全国規模で耐久消費財の生産は初歩段階で、技術水準も低かった。これが香港に隣接する広東省にとっては絶好なチャンスとなり、すぐに組立生産ラインが多く輸入され、耐久消費財の生産を始めた。次第に技術を消化してきて、技術的にも国内の競争相手に勝って、国内市場では、広東省の製品が売れに売れた。

　次に、経済要素の多元化と企業改革を実施したことである。活性化した企業が経済の発展に多大な貢献をした。従来の計画経済においては企業の労働、資本、資金は行政部門に管理されていた。企業は市場のニーズに応えることはできなかった。「改革・開放」政策を実施して以来、集団企業、私営企業の発展や各種の経済協力、合弁が奨励され、新興企業体が出現した。これらの新興企業は従来の経済体制に縛られずに市場経済に適合して

いる。80年代に国有企業の生産額が年平均成長率が10％以上であったが、集団企業のそれが20％以上、私営企業にいたっては40％であった。非国有企業の発展が国有企業に刺激を与えることになり、国有企業が「請負制」の導入、経営権の一部を企業に移譲するなど改革に取り組まざるをえなかった。

　最後に、「外貨留保制」の実施と輸出入規制の緩和は企業の国際市場への参入を容易にした。80年代初期に輸出企業の外貨収入の30％は企業に留保することを許され、その後留保率は50％に引き上げられた。政府は企業にかなりの自主権を与えることによって、対外貿易の発展を促した。それから、中央と地方の行政管理機関が新しい貿易管理方式を導入したことも輸出の増加に寄与した。代表的なのは輸入品目管理方式である。それまでの「輸入可品目」管理方式を改め、「輸入不可品目」方式を導入したのが有名なことである。

　2、華南地域の「三来一補」。香港、台湾と華南沿海部との強い経済的補完関係は中国の「改革・開放」政策のなかで広東省、福建省に与えられた「特殊政策・弾力措置」に加えて、80年代後半に展開された香港、台湾の経済構造の転換を通じて顕在化した。

　香港は、西太平洋における中核的な中継貿易機能を持ち、金融並びに経済情報のセンターである。さらに、アジアで事業展開を行う外資系企業の地域統括本部機能において、ほかでは代替することのできない優れた諸機能を有している。中国の経済「改革・開放」政策でビジネスがもっとも多く生まれる経済空間は香港である。一方、広東省、福建省など活況を呈する華南沿海部の対外貿易は、香港なくでは成り立たないのである。台湾は経済的実体としては国民国家であり、輸出指向型工業化を通じて経済成長を成し遂げ、強い経済力を持っている。台湾経済は80年代に2桁台の成長を続けてきたが、89年ごろから1桁台に落ちていた。90年、91年も6％台で、その後も同じ程度で推移している。西側先進国の2、3％に比べると、高いわけではあるが、台湾経済が深刻な問題を抱えていることは否定できない。通貨の切り上げによって、輸出がうまくいかなくなったこと、労賃

が高騰して、軽工業製品の輸出競争力が失われたこと、環境問題等々。それぞれが関連しており、一言でいえば、先進国型経済に移行する際の難問にぶつかっているといえる。

80年代後半香港、台湾における要素価格の変化が激しかった。両地域において労働市場も同時期に一段と逼迫した。香港製造業の80年代10年間における名目賃金上昇率は13.8％であった。台湾の同比率は80年代に入ってから2桁を持続し、86年から91年までの年平均増加率は12.1％となった。失業率はこの間一貫して低下し、両地域とも87年以降1％台となって、完全雇用水準を維持している。労働市場の逼迫に加えて工場用地の不足も両地域で深刻化しており、香港の89年、90年の工業用フラットのレンタル料は2年連続30％を超える増加率であった。台湾においては、政治的に民主化運動の高まりとともに公害問題が急浮上しており、これを背景に環境保護のための規制強化がなされ、工場用地の確保は困難となっている。

さらに、80年代後半の外国為替レートの大きな調整が、両地域経済に多大な影響を与えた。対米貿易において貿易黒字を増大させた台湾は80年代後半に米国から台湾元の対米ドルレート調整を迫られ、これに応じて85年末から91年末までで、台湾元は対米ドルで実に54.8％も切り上げられた。香港ドルは1983年以来、対米ドルペッグ制を今日にいたるまで維持しているが、80年代における香港の高い物価上昇率により米国と香港の相対物価指数で評価された香港ドルの対米実質為替レートは、85－90年において約20％の切り上げであった。賃金、地代、外国為替レートといった要素価格の同時的上昇は、労働集約型製造業を中心とする輸出指向型工業化路線を長らく歩んできた両地域の産業・就業構造を転換させる強力なインパクトとなった。香港は急速なサービス経済化が進み、、台湾は資本・技術集約型産業に重点をおいて経済構造の転換を図っている。これは香港、台湾企業が労働集約型産業を「三来一補」と直接投資を通じて広東省、福建省を中心に華南地区に再配置していくことにつながっている。と同時に、香港、台湾における産業構造の転換もこれら労働集約型産業の域外シフトを通じてこそ可能とな

るものである。　「三来一補」とは「来料加工、来様加工、来件装配、補償貿易」の総称で、委託加工である。香港企業による広東省での委託加工の急速かつ大規模な展開は、両者間に潜在していた経済的補完関係を一挙に顕在化させた。「来料加工」とは、香港企業から提供された原料を使って行う加工生産であり、「来様加工」とは、同じく香港企業から送られてきたデザインもしくはサンプルをもとにその仕様どおりに行われる加工生産である。「来件装配」とは、香港企業から送られてきた部品や半製品の組立加工であり、「補償貿易」とは、上述した一連の組立加工工程を担うことにより、中国側が得る加工費で香港企業から貸与された機械や設備の使用料あるいは賃貸料を支払うことをいう。要するに、原材料、部品、中間製品、機械、設備さらにはデザイン、サンプルなどの全てを香港側から持ち込み、広東省の安価な土地と労働力を用いて組立加工された製品の全てが香港企業が受け取って加工費のみを広東省側に支払う形式が委託加工方式にほかならない。

　この方式は、経営が伴わない、県以上政府の認可を必要としない、外貨問題が発生しないなど多くの利便がある。香港と広東省は言うまでもなく同一の言語・文化圏に属し、また地理的にも隣接しているために、通例で香港企業がする委託加工工場の生産管理、財務管理も迅速かつ順調に行える。香港から広東省への生産拠点の移転は、委託方式を採用することによってスムーズに進んだ。これは香港企業にとっては、「海外生産」という感覚がまったくなく、より有利な生産立地を求める国内投資のようなものである。

　こうして、香港企業による広東省を舞台にした委託加工の展開により、香港企業は広東省という広大な後背地と有機的な連携を持つことで、香港は港湾都市経済としての「限界的」ステイタスを脱して、新しいタイプの「国民経済」へと変貌しつつある。

　台湾企業もまた主として福建省において、委託加工方式による生産を相当規模で推進している。経済面での中台関係はかなり進んではいるが、政治的には今なお台湾当局は直接中国へと向かう直接投資を制限しており、香港を経由する間接的な投資が主流である。それにもかかわらず1988年以降、台湾から福建省への投資が急増し始め、同省に対する累計投資額は90年まで

に11億5000万米ドルに及び、これは台湾の対中投資の約50％に相当する。
ただ、福建省の経済規模は台湾の6％にすぎず、台湾企業の投資の受け皿と
して規模はあまりにも小さく、台湾企業の直接投資は福建省からさらに広東
省へと「オーバーフロー」しつつある。ちなみに1990年まで台湾企業の広
東省への投資累計額は4億5千万米ドルに達している。台湾企業の対中投資
は福建省、広東省を中心に1990年までの実行額において24億米ドルの巨額
に達し、中国にとって台湾はこの時点で既に香港、アメリカ、日本に次ぐ第
4の投資国となっている。政治的、制度的な障害の希薄化がもたらす潜在的
な補完関係の顕在化は、福建省と台湾の両岸においても目を見張らせるもの
があると言わねばならない。

表4－13　外資系企業の福建省経済に占める比率（％）

	1985年			1990年		
	全省	外資系	比率	全省	外資系	比率
工業生産額（億人民元）	165.3	7.8	4.7	406.6	86.9	21.4
独立採算企業	136.6	7.7	5.8	293.1	87.4	29.8
工業生産額（億人民元）						
輸出額（億米ドル）	4.91	0.28	5.6	21.82	7.97	36.5
輸入額（億米ドル）	6.25	1.58	25.2	9.33	2.90	31.0
税収（億人民元）	21.86	0.33	1.5	56.72	6.40	11.3
従業員数（万人）	274.11	1.36	1.36	310.86	16.96	5.6

（出所）福建省統計局『福建省統計年鑑』1991年版により作成

　委託加工や直接投資ばかりではない、広東省、福建省を中心とした華南地
区、さらには中国全土への投融資、華人資本が経済活動を展開する際の香港
の役割も無視することはできない。実際、中国向け融資の6－7割が香港経
由だといわれており、香港以外の華人資本の多くは中国本土に投資を行う際
の中継拠点として、対中貿易、投資に関する情報を豊かに擁している香港は
絶好の場であり、中国のみならず、アジア全域を舞台に事業展開を図る外国

企業にとっても、傘下企業を効率的に統括する場としての香港の地位は重要である。香港に地域統括本部を置く外国企業は 1991 年時点で 600 社を超えている。

　華南沿海部の経済成長は香港、台湾の構造転換の波動を受け入れることによって、自らの内発力を発揚させながら実現したものである。「改革？開放」以前の 1978 年と 1990 年時点の簡単なマクロ経済指標により、広東、福建両省と全国とを比較してみるとよくわかる。国民所得の支出別構成を消費＋投資（資本形成）＋輸出－輸入として、四つの変数それぞれの代表値を表 4－11 から取り上げると、国民収入使用額中の消費額、固定資産投資額、輸出、輸入となる。流動資産、在庫投資などの正確な数字が得られないため、この4 変数の合計値は国内総生産とは一致せず、あくまでその近似値にすぎないが、おおよその傾向を知るのにはさして問題にはあるまい。

　まず気がつくことは、広東省、福建省の突出した特徴が、輸出と輸入の増加率において全国のそれを大きく上回っていることである。広東省は 1990年において全国 30 の一級行政単位の輸出総額の 17% を 1 省で占める突出した輸出地域であり、福建省の輸出規模はそれと比べればかなり小さいとは言え、増加率においては広東省を上回っている。両省の成長パターンは確かに「輸出指向型」だといって良いであろう。この輸出稼得外貨の高い増加率を背景に両省は高い輸入増加率も見せており、同表で見られるようにその数字は観察期間において全国のそれぞれ 3 倍、5 倍であった。この輸入の大宗は機械、設備などの資本財であることも付言しておきたい。

表 4 － 14　中国全国 _ 広東省 _ 福建の 1978 － 1990 の年平均増加率

単位：%

	全国	広東省	福建省
国内総生産	8.8	12.3	10.5
一次産業	5.5	7.4	6.7
二次産業	9.9	13.7	13.0
三次産業	10.0	14.4	11.1

续表

	全国	広東省	福建省
一人当たりＧＤＰ	7.2	17.0	8.8
国民所得支出額	14.0	17.5	16.6
消費額	14.4	16.9	16.4
貯蓄額	13.4	18.9	16.9
一人当たり消費額	12.4	14.3	14.6
工業総生産額	15.5	23.8	19.4
軽工業	16.8	24.8	20.3
重工業	14.9	22.0	18.1
農業総生産額	15.2	17.6	16.6
固定資産投資総額	18.6	24.4	22.1
基本建設投資総額	10.7	21.0	15.2
社会商品小売総額	15.0	18.7	16.5
輸　出	13.1	17.0	23.7
輸　入	10.3	31.9	54.8

（出所）国家統計局『中国統計年鑑』広東省統計局『広東省統計年鑑』
福建省統計局『福建省統計年鑑』各 1991 年版により作成

　次に見られるのは、広東省、福建省が固定資産投資の総額とそのうちの基本建設投資（設備投資）の増加率においてやはり全国を大きく凌駕しており、国民収入使用額中の蓄積額の増加率においても同様な傾向が見られることである。この面から見れば、両省は「投資主導型」成長パターンであったことにもなるが、この高投資（高資本形成）を支えてきたのが、輸入資本財であったと見なすことが自然である。要するに広東省、福建省は、他の西太平洋諸国にほぼ共通してみられる輸出？資本形成の「拡大循環メカニズム」を順調に展開させてきたということができる。このメカニズムの順調な作動があって、両省は第２次産業である工業の成長率において全国のそれを大きく上回り、この高い工業成長率を通じて全国の経済成長率である 8.8％に対し、広東省は 12.3％、福建省は 10.5％という高い成長率を達成した。

　3、海南省経済特区の開発。海南省は中国で二番目に大きい島であり、1987年まで広東省に所属する一地区であった。海南省おける「改革・開放」は広東省の他の地域に比べて遅かった。1980年代に「改革・開放」政策の実施が始まった後も、同省は保守的で外界から隔離され、経済は立ち遅れた。70年後半にベトナムとの紛争が鎮静化するまで中国政府が海南省は外国から攻撃されやすいという観点にたって、海南省を広東省の他の地域より閉鎖的にしておいた。もともと後進地域であったので、孤立政策の影響は深刻であった。

　1980年7月の初めに北京で海南島問題に関する会議を開かれた。まず、国営農場と人民公社との関係を改善し、農業の基礎を固め、その後新しい建設の準備を行うことを決議された。1981年から始まった第6次五ヵ年計画では、海南省の交通、通信のインフラストラクチャーに関する予算が大幅に増額された。1982年雷宇氏（10）が海南省の責任者に任命された。1983年1月、趙紫陽首相（当時）が海南省の開発に関する会議を召集し、その後相次いで胡耀邦ら要人が海南省を視察、1983年4月1日、中国共産党中央と国務院は海南省の農業、林業、ゴム産業の発展を加速し、工業化計画の立案を援助するよう指示を出した。こうした計画は中央政府と広州市の支援のもとで投資計画と免税制度によって裏付けられた。海南省の商品経済の基盤が弱体であったので、インフラストラクチャーの開発は大陸の広東省と異なり、実際問題として市場経済の発展より先に進む結果となった。1970年までに海南省では軍隊によって作られた2車線の海口から三亜までへの国道の舗装が始まっていた。第6次五ヵ年計画の開始までには島の周囲に作られた東部国道と西部国道のほとんどの舗装が終わっていた。こうした主要国道の建設工事が続けられた結果、この交通網整備はそれまでに端から端まで数日かかったのをわずか8時間に短縮させた。そのほかにも鉄道、港湾、空港の建設及び通信網の整備が行われた。インフラストラクチャーのなかでも、もっとも遅れていたのは電力であった。1987年初め頃は、電力の90％は水力発電によるものであるのに、大きなダムを持たないため、乾期の需要増に伴い、特に乾期には、渇水による電力不足は深刻であった。

　歴史的には、1887 年に台湾の開発を速やかに行おうとした際、当時の清朝政府は台湾を独立した一つの省とした。同じ目標で 1987 年 8 月 28 日、趙紫陽首相は海南省を広東省から独立させ、省に昇格することを提案した。翌年正式に承認、決定された。海南省を体制改革の分野で他の経済特区を上回る特別区にしようという計画が立てられた。改革によって、「小さな政府と大きな社会」、すなわち、企業に対する政府の介入を最小限に止め、政府も極小化するのである。まさに香港のように、70 年間租借できる土地使用権が競売され、外国為替に関する自由な市場を認め、すべてを原則的に市場原理によって運営したのである。これが中国全土に海南島ブームを引き起こし、新しい可能性を求めて全国から何十万もの人が集まってきた。海南省の急速な発展の可能性を信じて小規模な企業を起こそうという者も多数含まれていた。さらに多くの大陸の企業が土地を借りようとしたが、これはそこに会社を作ろうとしたためであり、あるいは値上がりしたら、借地権を転売するためであった。

　中央政府の直接関与よりも各省・市が海南島に事務所を設けたり、大型国有企業が支店を開設したり、銀行が海南島に融資することに関しては大いに奨励した。1988 年末までに、大陸各地の 1，500 社以上の企業が海口市に事務所を持ったと推定される。かなりの企業が「海南島では何でもできる」と信じ込んで投機的目的で進出したことが否定できないことを指摘しておきたい。

　海南省を設置した際、中央と海南省政府の各部門は 250 のプロジェクトをリストアップし、数年以内に外国投資を導入しようとした。この中には、ハード面のインフラストラクチャーや工業、農業、観光業などを振興するものが含まれていた。海口、洋浦そして海南島西部で工業開発を行い、東部では農業開発を行い、汚染されていない南部と東部では観光開発を行うという計画を持っていた。何千というビジネスマンが調査の為、香港、日本、米国、東南アジア、さらに台湾から来たが、1988 年にはわずかの外国企業が投資を決定したにすぎず、多くの企業が慎重で、インフラが整備され、島の体制改革がもっと明らかになり、実行に移されるまで待とうという態度であった。

　もっとも期待されたのは、海南島沖の海底油田と液化天然ガスであった。1980年代末、非常に有望な液化天然ガス田の発見がＡＲＣ（米国アシランチック・リッチフィルト社）によって発表された。海南省の計画立案者達が、液化天然ガスをパイプラインで香港に運ぶよりも、歌海付近に運んで、化学肥料の生産を含む石油化学工業の振興を期待した。当時の化学肥料は海南省、広東省においても供給不足であったからである。また、観光業の発展の可能性は海南省には十分ある。「中国のハワイ」と呼ばれるほど海南島は美しい島である。上海同済大学の都市計画チームが二ヵ月間海南省で調査をし、海南島の観光開発に関する全体計画書を作成した。東部海岸に面した万寧、清蘭湾及び東南部の色彩豊かな小数民族地域も開発計画の中に組み込まれ、三亜がその中心であった。国際空港も90年代初めの完成が計画され、完成すれば香港まで1時間の距離となる。三亜は今世紀末にはアジアにおける冬季のメイン観光地の一つになると大いに期待された。政府は先に観光産業を発展させ、そこで蓄積した資金をインフラの整備と工業発展に回そうという計画を立てた。

　しかし、これらの計画は官僚主義など行政的な障害や資金調達の問題などで計画だけで終わったものがかなりあった。80年代初期に起きた「海南島自動車事件」などの影も一部政府関係者を躊躇させ、海南省の改革は思うように進ことができず、インフラの整備もまだ他の地域に比べて遅れた。海口市など一部の地域だけで不動産開発などが進められた程度である。しかし、外部との経済的なつながりは今後強まっていくことは疑いのないものであり、将来の可能性が期待できる地域である。

　4、華南三省の経済特徴。中国経済全体は計画経済から市場経済への移行過程にある。1990年時点で53％の商品が市場で調達されているが（91年では69％）、華南3省は市場調節メカニズムをさらに早い時期で機能し始めたことから、広東省と海南省では市場調節による商品と生産財が9割に達し、福建省でも8割を市場から調達している。このことから商品と生産財価格は割高になっているが、その分所得も多く、補って余りあるものになっており、経済特区周辺の農村は全国でも豊かな地域となっている。

　華南三省の工業企業を見ても全国に比べて大きな特徴がある。工業企業の所有制で見ると、全民所有制企業のウェイトは全国では18％、華南三省では19％とそれほど変わらないが、集体所有制は全国では83％だが、華南3省は73％、その他企業は全国では2％にすぎないが、華南三省は8％である。工業生産額を見るともっと分かりやすい。全国では全民所有制のウェイトは55％だが、華南3省は42％、集体所有制は36％と34％、個人企業はともに5％で、その他企業は4％、20％と大きな差がある。その他企業とは大部分が外資系企業である。外資系企業の発展には目ざましいものがあり、華南3省の経済は外資系企業によって支えられている部分がかなり大きいということがわかる。一方、社会主義国家として中心となるべきである全人民所有制企業は40％余りに低下し、全人民所有制が68％を占める上海市とは構造的に大きな差があり、それだけ政府の指導に左右される部分が低下している。

　華南三省の特徴以下のように簡単に概括できる。

広　東　省

自然資源：農業条件が良い。水産資源がある。海域が広い。交通が便利。

産業概要：製造業が発展、特に紡績、アパレル、家電、食品工業など、硫酸、セメント、ミシン、腕時計、テレビ、洗濯機、冷蔵庫、砂糖などが全国3位以内。工業の発展が大きく、資金がある。サービス産業の比重が大きい。

外部環境：在外華人が多い。香港に隣接。経済特区、開放都市がある。

問題　点：資源が少ない。深刻なエネルギー不足。鉄道が少ない。産業間の不均衡が大きい。価格が高い。

福　建　省

自然資源：海域が広い。水資源が豊富。林業も比較的発達。良港がある。農業の生産性が比較的高い。

産業概要：食品、家電、製紙、電子工業などが主たる産業であるが、大型企業が少ない。缶詰、砂糖、木材、テレビ、腕時計などが全国

5位以内。重工業の比重が低い。産業間の不均衡が大きい。第三次産業の発展が目立っている。

外部環境：台湾に隣接し、同省出身の華人が多い。

問題　点：全体的経済水準が低い。インフラ整備が遅れている。鉄道が未発達。

エネルギー不足。資源がほとんどない。山間部の比重が大きい。

海　南　省

自然資源：熱帯に属し、一部の農業条件が良い。チタン鉄、ジルコンなどの重要な鉱産物がある。観光資源が有望。

産業概要：大きな産業がない。国家からの財政補助が大きい。砂糖を中心とする食品工業とゴム工業が主要な産業で、生産量が全国で10位以内に入っているのは砂糖だけである。

外部環境：ベトナムに近い。省全体が経済特区で、対外開放の多くの実験を行っている。タイやマレーシアに同省出身の華人が多い。

問題　点：台風が多い。エネルギー不足。インフラの整備が遅れている。経済水準が低い。資金不足。国境問題（南沙、西沙など）がある。少数民族が多い。

　華南三省の有利な条件、不利な条件としては次のことを指摘できる。自然条件としては沿海に位置していることから、海岸線が長く、開発さえすれば港湾能力も大幅に増強でき、水産業の条件もある。気象条件は農業に適しているが、人口が多い為、食糧の自給（一人あたり400キロ）は達成していない。また、海外に華人が多いことが3省に共通している。広東省出身の在外華人がもっとも多く、次いで福建省、海南省の順となっており、在外華人からの送金や投資が対外開放の一つの基礎になっている。

　しかし、共通して資源が少ないことで、エネルギー不足は深刻なものがある。産業にしても軽工業を中心に加工工業が発達しているが、原材料工業などの重工業が遅れており、産業のバランスが取れていない。上海市や遼寧省

に比べると周辺産業が未発達で、大きな消費地も近くにない。このことが海
外に目を向けさせる要因になっているという面もあるが、大きな経済圏とし
ては、必ずしも良い条件ではない。いい方を変えれば、これまで華南3省は
対外優遇政策を実行することにより発展してきたが、もし上海市や遼寧省が
華南3省と同じ条件を作り出したならば、華南三省の優位性は絶対的なもの
ではないということである。

　華南三省の1990年の国民総生産は2,026億元で全国の11.5%（91年は
12.3%）を占める。このうち広東省だけで8.3%，福建省は2.6%，海南省
は0.6%で、経済力で見た場合は広東省が圧倒的に大きく、海南省は広東省
の15分の1にすぎない。

図4－15　国民生産総額構成

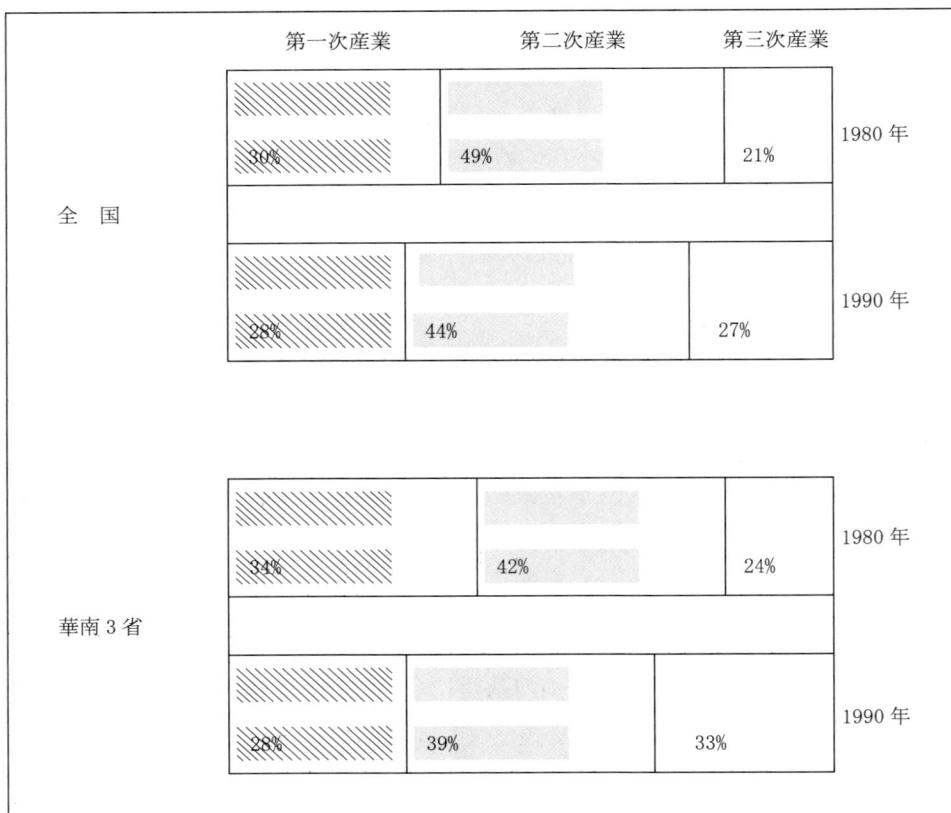

	第一次産業	第二次産業	第三次産業	
全国	30%	49%	21%	1980年
	28%	44%	27%	1990年
華南3省	34%	42%	24%	1980年
	28%	39%	33%	1990年

（出所）国家統計局『中国統計年鑑』1991年版各省統計年鑑1991年版により作成

　1990 年の華南三省の産業構造は、第一次産業（農業だけ）は 28％で全国と同じである。しかし、1980 年当時は全国が 30％だが、華南三省は 34％であった。農業が大幅に低下していることである。第二次産業（鉱業を含む工業と建設業）は全国では 44％（1980 年は 49％）、華南三省は 39％（1980 年は 42％）である。全国で 1980 年より 5％も低下したが、華南三省は 3％の低下にとどまっている。1986 年の 24％から 1990 年には 33％に急増したサービス産業を中心とする第三次産業の発展は華南三省の大きな特徴の一つである。

　1989 年における華南三省の部門別工業生産総額の構成は以下のようになっている。工業生産総額は 1，605 億元（当年価格、独立採算業のみで中国全体の 9.2％）である。このうち軽工業が 62％、重工業が 38％だが、中国全体の平均で軽工業は 47％であることを考えると、軽工業のウェイトが極めて高いことがわかる。これは華南 3 省に共通していえることで、その分重工業が少ないのである。産業間の不均衡がはっきりと現れている。

　華南三省の部門別工業生産総額の構成を見ると、最大の産業は機械工業で 26％、食品工業と化学工業、紡績工業が各 14％前後、建材工業が 6％であり、冶金工業が 5％などとなっている。1980 年の華南三省で最大の産業は紡績工業で 25％、機械は 2 位で 21％であったが、この間に先進設備の導入により、機械工業は電子工業、家電工業を中心に特に大きな発展を遂げている。

第五章　「華南経済圏」を支える各種企業体の経営実態

　「華南経済圏」には中国系（中資）企業、華人系企業、英国系企業、日系企業、欧米系企業など各種企業が経済活動を展開している。これらの企業は独自の経営活動を行う一方、他の企業と提携したり、協力したり、お互いに資本参加し合ったりし、実にダイナミックに「華南経済圏」の経済を支えている。世界に類のみないこの自由度の高い、複雑でありながらビジネスチャンスが随所存在しているこの地域にあって、各企業は激しい競争をしながらも地域全体の経済発展を盛り上げているように見える。この章では、華人系企業、英国系企業、中資企業を中心に、各種企業の実態について検証したい。

第1節　華人系企業

　アジア開発銀行は「アジア地域の経済発展の原動力は中国の高度成長であり、それを支えているのが海外からの投資である」と分析したが、対中投資の担い手が主として華人資本であることは既に第一章で述べた通りだが、華人資本が「華南経済圏」だけを活動の場をしているわけではないが、「華南経済圏」は華人資本の主要活動地域であることは言うまでもない。この地域には、長江実業グループの李嘉誠、新鴻基地産グループの郭炳湘兄弟、国泰人寿（キャセイ・パシフィック生命保険）と国泰建設を擁する蔡万霖、イン

ドネシア最大企業集団であるサリム・グループ総帥のスドノ・サリム（林紹良）、マレーシアのロバート・クオック（郭鶴年）の５大華人資本をはじめ香港？台湾の華人資本、東南アジアの華人資本などがダイナミックに事業展開をしている。

1. 香港と台湾の華人企業

a. 香港の華人系企業。香港の華人資本は中国大陸、東南アジアなどから流れてきた華人資本と香港地場華人資本が融合し、形成したものである。外来華人資本が香港華人資本の形成、発展に大きな役割を果たしてきた。特に1940年代末から50年代初めにかけて大陸から流れてきた上海の繊維資本を中心とした大陸資本、50年代〜60年代に東南アジアの情勢混乱や「排華」運動で逃避してきた東南アジア華人資本が、後の香港華人資本発展の基礎となった。

70年代に入ると、長江実業、新鴻基地産、合和実業（ホープウェル）、恒隆、新世界発展などのグループ企業が、香港株式市場好調の流れに乗って、香港証券取引所に上場、事業を急速に拡大し、実力をつけることに成功した。70年代末から80年代半ばまでに、李嘉誠グループが英国系資本の青州英泥、和記黄浦、香港電灯、包玉剛（Y・Kパオ）ファミリーが同英国系資本の九龍倉、会徳豊を相次いで買収した。華人資本が英国資本に対抗できるように成長したことを印象づけた。業種からみると、不動産、建築業が華人資本の得意分野で、華人大資本のほとんどが不動産事業で起業し、発展してきた経緯がある。李嘉誠ファミリー、郭炳湘兄弟ファミリー、胡応湘ファミリー、鄭裕丹ファミリー、陳啓宗ファミリー、利栄森ファミリー、王徳輝ファミリー、罪鷹石ファミリー、呉光正（包玉剛）

表 5 - 1 香港 10 大企業グループ

単位：百万米ドル

順位	企業グループ名	総帥	事業分野	株式発行総額
1	李嘉誠グループ	李嘉誠	不動産、コンテナ、小売業 通信、電力、金融	16,239
2	凱琶克グループ	凱琶克	不動産、ホテル、食品、建設 小売業、証券	14,095
3	施懐雅グループ	施懐雅	航空、不動産、海運、電子 ホテル、保険	9,795
4	嘉道理グループ	嘉道理	電力、ホテル	8,006
5	呉光正グループ	呉光正	海運、不動産、ホテル、貿易 小売業	7,924
6	郭兄弟グループ	郭炳湘	不動産、運輸	7,525
7	李兆基グループ	李兆基	不動産、海運、ガス	6,918
8	陳殷宗グループ	陳殷宗	不動産、百貨店、ホテル	3,421
9	鄭裕彤グループ	鄭裕彤	不動産、建設、テレビ放送	3,319
10	胡応湘グループ	胡応湘	建設、不動産	2,450

（出所）香港「信報」1993 年 1 月 1 日号により作成

　ファミリー、陳廷嘩ファミリー、劉剣雄ファミリーなどがいずれも不動産事業で成長した資本である。香港証券取引所に上場する不動産企業の藍籌股（ブルーチップ）のなかに、英国資本の怡和集団の置地公司以外は、新鴻基地産、長江実業、恒基地産、合和実業、新世界発展、恒隆、希慎興業、鷹君集団、九龍倉なども含めて、全部華人資本の支配下にある。

　華人資本が製造業においても絶対的な地位にある。製造業上場企業の約9割を華人資本が占めている。公共事業分野では、香港のバス、電車、タクシー、渡り船、ガスなどを華人資本がほぼ支配している。エネルギー、電信事業にも進出している。また、華人資本はコンテナ、倉庫、運輸、ホテル、飲食業、百貨店、小売、出版、放送、金融業などにおいても重要な地位を占め

ている。1993 年末までの統計では、上位 10 グループの華人資本が支配している上場企業の株式時価額は 10, 006.99 億香港ドルで、全上場企業株式総額の 33.1％を占めている。華人資本全体では、上場企業株式時価総額の約 6 割を占めている。華人資本は香港最大の資本であり、香港経済の基礎であり、主体である。その成長過程を李嘉誠グループを例に見てみよう。

　李嘉誠グループの中核企業である長江実業は 1950 年に李嘉誠が自分の貯金と家族、友人から集めた資金で合計 5 万香港ドルで設立した長江プラスチック工場が始まりであった。設立当初はプラスチックのおもちゃや家庭用品を生産して、欧米市場に輸出公司を通して輸出していたが、戦後世界経済が回復する中、李嘉誠が装飾用品がやがて有望な商品になると感じ、市場調査を通じて、それを確信した李嘉誠が 1957 年初め頃にイタリア人がプラスチックで花を造ることに成功した情報を聞き、すぐにそれに飛びついた、自らイタリアに飛んで、プラスチック造花の製造法を学び、サンプルを買って香港に戻ると、長江プラスチック工場を長江工業有限公司に改造し、造花の生産、販売を始めた。彼は当時香港最優秀なプラスチック技術者を全部自分の会社に集めてイタリアメーカーよりも多品種な良質プラスチック造花を生産する一方、宣伝にも力を入れ、注文が殺到した。アメリカのある大手卸売商社が工場を見に来るため、不眠不休で 1 週間で 1 万平方フィートの工場を建設、稼働させたこともあった。資金難など数々の困難を乗り越えて見事にこの事業を成功させた。1958 年に資産を 100 万香港ドルに増やし、「プラスチック造花王」と呼ばれた。この時はちょうど国連の中国に対する禁輸措置で、香港の中継貿易機能が麻痺した時期で、香港経済は工業化への転換を迫られた時期にあった。翌 1959 年に香港経済が工業化への転換をほぼ完了し、成長期に入った。この後の 6、7 年間は、プラスチック造花の黄金時代となり、李嘉誠はこの間、数千万香港ドルの利益をあげ、後の事業発展の基礎をつくることに成功した。

　李嘉誠は 1958 年から不動産を購入し始めた。60 年代に香港島、九龍と新九龍地区の土地価格高騰し、多くの業者が苔湾、元郎、大埔などで不動産開発を始めたときには、彼がすでに 12 万平方メートルの工場を所有していた。

1966年に中国が「文化大革命」始まったときに香港が混乱に陥り、多くの人がアメリカ、カナダ、東南アジアへ資本を逃避させるため、工場や商店、ビル、住宅を安値で叩き売りする中、李嘉誠がプラスチック業で稼いだ資金を活用し、次々に土地や古いビルを購入、多くのビルを建てた。

1960年代〜70年代は香港の工業化時代であった。工業用地の需要が旺盛で、「文革」の混乱を逃れて大陸から大量の人が香港に押し寄せてきたため、住宅用地の需要も急激に増加した。香港政庁の土地競売制度もまた土地の投機活動を活発にした。この時期に才能を発揮した李嘉誠が1975年時点で510万平方フィートのビルを所有するになり、翌年には635万平方フィートに増えた。1976年10月に「四人組」が逮捕され、大陸の政治情勢が安定方向に進むと、当時香港を出た資本家達が香港に戻り始め、さらには78年末に中国が歴史的に「改革・開放」政策を実施することを決定したことで、世界各地から投資家が香港に殺到した。1979〜1980年に香港の不動産ブームが頂点に達し、地価が倍、10倍、20倍へと暴騰した。1979年に李嘉誠が面積1,500万平方フィートのビルを所有するようになり、「地産王」と呼ばれる英国資本の置地公司の所有する1,300万平方フィートを抜いて、香港政庁以外では最大の地主となった。

企業が大きく成長するためには、株式市場を通じて社会からより多くの資金を調達する必要を李嘉誠が認識したのは1972年、この年の10月12日に彼は長江工業有限公司を長江実業（集団）有限公司に改名することを決定、遠東取引所、金銀取引所及び香港証券取引所に上場を申請、法定資本金が2億香港ドル、1株2香港ドルで4,200万株を売り出した。上場一年後の1973年に長江実業は4,370万香港ドルの純利益をあげ、上場時に予想した1,250万香港ドルを250％も大きく上回った。同年にロンドン市場に上場し、翌74年にはカナダの証券市場にも上場した。株式の上場で調達した資金で事業を拡大し、利益をあげると、株価が上昇する、また新株を発行し、資金を調達するという拡大路線で、長江実業は次々と企業買収、不動産開発を行った。例えば、1974年−1975年に新株を2回発行して1億8,000万香港ドルを調達し、世界経済の低迷で香港不動産市場の低調期に大量の物件を購

入し、香港経済の回復に備えた。

　1978年初め、多くの優良資産を持ちながら、経営戦略の失敗で多額の負債を抱える英国資本の九龍倉をねらって、英国資本のなかで最大の怡和グループ、香港環球航運公司会長である包玉剛が買収工作を進めていた。当初は李嘉誠も買収に乗り出し、3月から取引口座を分散する方法で9月までに同社株の18％にあたる1,000万株を取得したが、慌てた九龍倉が香港？上海銀行に助けを求めた。この複雑な状況の中、李嘉誠が出した決断は、既に取得した九龍倉株を包玉剛に売却することであった。資金力のある怡和と争奪するリスク、香港・上海銀行との衝突を避け、九龍倉株を既に15－20％を取得し、九龍倉を買収する可能性の最も高い華人資本の包玉剛に取得株を売却することで5,800万香港ドルの利益を得ながら、包氏から氏が所有する英国資本の和記黄埔（ハチソン・ワンポア）株を譲り受け、後の長江実業による同社買収の足場をつくった。同時に包玉剛との友好関係を深めた。後に包玉剛が怡和との争奪戦で、35億香港ドルで資産98億香港ドルの九龍倉の買収に成功した。

　翌年9月、長江実業が和記黄埔の買収に乗り出した。香港？上海銀行から和記黄埔発行済み株数の22.4％に当たる9,000万株を譲り受けるなどして、1980年11月には、長江実業が和記黄埔40％以上の株を取得し、傘下に収め、李嘉誠が同社董事局主席に就任した。

　80年代に入ってから、李嘉誠が個人や傘下企業名義或いは他人との共同出資で積極的に海外投資を行った。米国、英国、カナダ、シンガポールで相次いで企業を買収したり、不動産開発をしたり、長江実業グループを多角的経営の多国籍企業グループに成長させた。1987年12月4日時点で、長江実業の発行済み株数は21億9,755万株で、香港株式市場に上場している企業の中で、上位10社に入るまでに急成長した。

　1980年、李嘉誠が馮景嬉、胡応湘、郭徳勝、鄭裕丹、李兆基らと組んで広州羊城服務発展公司と合弁で広州にホテル中国大酒店を建てた。これは中国では初の香港企業経営しかも外国人が社長になった合弁企業であった。しかし、1992年までに李嘉誠及び長江実業の中国投資はこの1件だけであった。

傘下の和記黄埔で 1980 年に和記黄埔（中国）有限公司を設立し、北京、上海、広州などに事務所を開設したが、貿易業務だけにとどまっていた。1988 年、和記黄埔が中国国際信託有限公司（CITIC）、英国大東電報局有限公司（ケーブル＆ワイヤレス社）とそれぞれ三分の一を共同出資して、アジア地域に電迅サービスを提供する初の人工衛星を打ち上げて、共同操作、共同経営する契約を結んだ。投資総額は 1 億 2,000 万米ドルの契約であった。この「アジア衛星 1 号（Asiasat）」は中国の「長征」ロケットで 19904 月 7 日に打ち上げられた。この打ち上げ成功はそれ自体よりも中国の衛星発射技術の高さを世界にアピールできたことのほうが重要な意味を持っていた。中国が世界衛星発射ビジネスへの参入の重要な一歩であった。

　1992 年 1 月－2 月の鄧小平南方視察以降、対中国投資で慎重だった李嘉誠グループが対中投資を本格化しはじめた。香港を代表する実業家である李嘉誠の動向が注目されていただけに、その直後から始まった外国資本の対中進出ラッシュの引き金を引いたとも言われた。長江実業グループの対中投資の本格化は他の投資家のためらいを取り外し、弾みをつけたというものである。

　李嘉誠グループはインフラストラクチャーを中心に港湾、埠頭、コンテナ埠頭、発電所、高速道路、橋梁建設、不動産開発、金融など長期にわたる投資活動を展開するほか、「安居工程」という低利益の庶民向け住宅の開発にも参加している。

　下記は李嘉誠グループの対中投資主要案件をまとめたものである。

港湾、コンテナ埠頭

　上海港の改造。和記黄埔上海港口投資有限公司が上海港コンテナ総合発展公司と合弁で上海コンテナ埠頭有限公司（SCT）を 1992 年 10 月 23 日に設立し、資本金 20 億人民元で、投資額は 50 億人民元である。折半出資で、合弁期間は 50 年間である。先進技術、設備を導入し、上海港を改造する。

　珠海港の改造。1992 年初めに、和記黄埔が珠海港務局と折半出資で珠海国際コンテナ埠頭（九州）有限公司を設立し、共同経営を始めた。1994 年

4月、和記黄埔が珠海港務投資公司と折半出資で珠海国際コンテナ埠頭（高欄）有限公司を設立し、投資総額は2億7,000万香港ドルである。

塩田港建設。1993年10月、和記黄埔が深圳東鵬実業有限公司と塩田国際コンテナ埠頭有限公司を設立し、塩田国際コンテナ埠頭を建設、経営する。和記黄埔が70％を出資、投資総額は50億人民元である。

南海コンテナ埠頭建設。和黄デルタ有限公司が南海市交通局と折半出資で南海国際コンテナ埠頭有限公司を設立し、三山港にコンテナ埠頭を建設、経営する。既に1994年4月から稼働している。

汕頭コンテナ埠頭建設。和黄デルタ有限公司が汕頭港務局と合弁で汕頭国際コンテナ埠頭有限公司を設立し、珠池港にコンテナ埠頭を建設、経営する。和黄デルタが70％を出資する。

発電所、道路、橋梁

長江実業が投資する南海第一発電所（400Mw）、南海江南発電所（121Mw）。

1993年6月11日契約した長江実業、和記黄埔の珠海発電所（3,800Mw）への投資。このプロジェクトは広東省の重点プロジェクトで、和記黄埔が22.5％の権益を持つ。長江実業、和記黄埔の総投資額は12億米ドル。

広深珠高速道路第2期広州～珠海広東省1992年11月、李嘉誠と合和実業の胡応湘が同額出資で会社を設立し、この高速道路を建設する。両者合わせると、80－90％の出資になる。

1993年6月、深圳市東側高速道路140.17キロ（投資総額25億人民元）を長江実業、和記黄埔が30％の出資で、広東省高速道路公司、汕頭高速道路公司など中国国内5社（合計出資70％）と共同建設する。

1993年8月、長江実業は香港及び中国国内の会社と共同出資で広東省汕頭海湾大橋有限公司を設立、汕頭海湾大橋、関連施設を建設、経営する。大橋の全長2,500メートル、幅23.8メートルで6車線、投資総額は7.5億人民元で、長江実業が22.5％を出資している。1995年に既に完成し、使用している。

不動産、金融資産一覧

1.1992年9月、長江実業が海南省洋浦土地開発有限公司に出資参加、計画投資は180億人民元、総面積30ヘクタールで、長江実業が10%出資する。

2.1992年9月、長江実業が広東省順徳市新城区容奇港対岸400ヘクタールの土地開発（投資総額40億人民元）に20%を出資する。

3.1992年12月、長江実業が29億人民元を投じ、深圳蔡尾囲外運公司跡地に深圳対外貿易センターを建設、88階建てで、建築面積35万平方メートルである。

4.上海市旧市街再開発事業。長江実業が郭鶴年（ロバート？クオック）の嘉里グループ、光大、中創グループと組んで、6億米ドルを投じ、上海市に商業、貿易、金融ビル群「不夜城中心」を建設するプロジェクトである。高層ビル9棟を含む建築総面積52万3,000千平方メートルで、1993年5月に着工する。

5.福建省福州市の「三坊七巷」旧市街再開発事業。長江実業が福輝首飾有限公司と共同出資で長江福輝置業有限公司を設立し、35億人民元を投入して、旧市街の風貌、景観を残すことを前提に再開発する。

6.北京東方広場再開発事業。北京市東城区長実街に位置する東方広場は土地面積900平方フィートの一等地である。投資総額は11.74億米ドルである。東方広場エンタープライズには長江実業、和記黄埔、中国銀行、東方海外、それに米国資本、日系資本が入っている。長江実業が64%を出資している。

そのほかには、93年に入って、鄧小平氏の次男である鄧質方と連携し、共同で元具メーカーのケーターインベストメント社買収や上海での大規模な不動産開発など多くの事業を展開している。

李嘉誠は既に中国に500億香港ドルを投資しているが、香港では、1992年10月23日に北京首都鋼鉄発展総公司、カナダ怡東集団と共同で香港東栄鋼鉄集団有限公司（現在名は首長国際）を買収して、証券市場関係者を驚か

せた。東栄鋼鉄は鉄鋼製品を中心に貿易、倉庫、運輸を手掛ける総合公司で、香港の鉄鋼貿易の三分の一を占める有力企業である。

1993年1月12日、長江実業が上海万国証券公司、中国新技術創業投資公司と共同で、香港大衆国際投資有限公司51％の株式を購入した。直後にまた3社共同で三泰電子を買収、宝佳に資本参加するなど、「鉄三角」連合と言われ、株式市場の注目を集めた。

このほかに、長江実業が投資や開発参加をしている事業は、北京市順義県天笁鎮薛大人庄村、上海徐渝区第1、第2期、上海浦東新区花木、上海静安区北京路西張家宅、上海梅龍鎮美食娯楽城、広州市地下鉄黄沙駅、珠海市北区唐家港湾大道、重慶市中区解放碑依仁巷、青島市東部開発区など、住宅藻オフィスビル、レジャー施設の開発事業がある。同グループはまた中国で「康居工程」と呼ばれる住宅事業にも参加している。北京市朝陽区朝陽路北側長営郷、北京豊台区馬家堡西区、重慶市江北県九龍湖、重慶市江北県洋河ダム、汕頭市汕頭大学路南などがそれである。中でも、北京市豊台区と汕頭第一城の2件だけで建築面積が150万平方メートルにのぼる大規模のものである。

李嘉誠グループが既に中国大陸に500億人民元の投資を行った。彼は「長江実業グループが将来においても香港を基盤にし、新しい投資は中国に集中する」と明言した。「中国は潜在力が大きく、発展のチャンスが多い、現在わがグループの対中投資はグループ資産の20％に当たるが、これは今後も増加する。これからは中国の他の工業分野にも参入していきたい。」とこれからの対中投資にも意欲をみせている。

香港の華人系企業は今は香港では最大の資本力を持つ勢力であり、基本的には香港を基盤として、中国大陸を中心に世界各地で投資活動を行うという姿勢を鮮明にしており、「華南経済圏」では中心的な役割を果している。

b. 台湾企業。台湾経済における産業組織ないし企業構造の最大の特徴は、官営企業と民営企業の二重構造である。前に述べているように、膨大な官業体制の系譜は、戦前の日本独占資本の国有化に由来する。工業部門では、鉄鋼、造船、石油化学、肥料、機械、金属、製糖など台湾のほとんどの基幹産業が

官業である。交通、運輸、通信、電力、原子力エネルギー部門、金融部門における主要銀行もほとんどが官業に占められている。このような経済体制は、社会主義国を除くと、発展途上国の中には、類の見ないものである。そしてこのような官業支配体制のもとで民業が成長し、ついには経済を牽引するようになるが、産業構造は一貫して官業と民業の二重構造をなして展開してきた。台湾経済（産業）の発展は、構造的に言えば、まさに官業に対する民業の発展であり、官業主導経済から民業主導経済への発展であると理解して良い。表5－2に示すとおり、鉱工業生産額に官民企業別の構成は、1953年段階では官業が過半を占め、民業は半分以下であった。それ

表5－2　鉱工業部門の官民企業別生産額の構成、成長率の推移（1953-90年）

項目 年代	生産額			成長率（%）	
	合計	民営	官営	民営	官営
1953	100.0	44.1	55.9	37.5	25.6
55	100.0	48.9	51.1	17.5	10.6
60	100.0	52.1	47.9	11.1	9.2
65	100.0	58.7	41.3	21.3	10.1
70	100.0	72.3	27.7	23.2	13.7
75	100.0	77.9	22.1	9.4	4.4
80	100.0	79.1	20.9	7.2	5.4
85	100.0	81.2	18.8	2.7	2.5
89	100.0	81.4	18.6	3.0	6.7
90	100.0	81.0	19.0	-1.4	0.7
53-63	100.0	50.2	49.8	16.2	8.8
64-73	100.0	68.9	31.1	23.4	11.7
74-85	100.0	79.1	20.9	9.8	8.2
86-90	100.0	81.9	18.1	6.3	6.4

注：鉱工業部門とは、鉱業、製造業、水電ガス、建設業を含む。

（出所）ＣＥＰＤ, Taiwan Statistical Data Book, 1991, pp. 88-89.

　が民業の急速な成長により 50 年代末頃から民業の生産額は官業のそれを上回って、両者の地位が逆転する。その後、60 年代の輸出指向工業化の進展で民業の成長は官業成長の 2 倍以上の勢いで伸び続け、80 年代には民業が鉱工業生産の約 8 割を占め官業を大きく引き離している。ただし、70 年代後半以降、民業の伸び悩みで両者の成長率の格差は縮小している。

　第四章で述べたが、台湾経済の産業構造において資本の官民二重構造が基本になっている。これは産業組織や企業構造における二重構造をもたらしている。産業組織の面で見れば、官業が基幹産業、重化学工業、資本財工業など産業の中心部門を支配している。民業は対照的に周辺産業、軽工業、消費財工業など非中心部門に進出している。資本の二重構造は産業組織の面で官民の垂直的分業構造をなしているのである。次に、企業規模別にみた企業構造において、官業のほとんどが大企業であるのに対して、民業は中小企業が中心である。特に 60 年代では、大企業といえば、官業であり、資本の官民二重構造は大企業と中小企業の二重構造とオーバーラップしていたのである。この構造は、市場面における官業の国内市場支配と民業の輸出市場主導の分業構造をもたらし、結果的にこれが経済発展における民業主導の構図につながっていき、産業構造における官民二重構造の消長をもたらした。

　官業に対して民業が成長をリードしてきた理由は次の三つを挙げられる。一つは民業が輸出加工の担い手になったことである。官業（糖業）の輸出における役割は、輸出指向工業化以降、完全に後退した。二つ目は民業の成長と官業の関連性が必ずしも高くないことである。民業の輸出加工に必要な原材料や部品は大きく輸入に依存している。産業組織における官民垂直分業構造は必ずしも緊密かつ有機的に結合していない。三つ目は官業における官僚主義経営の問題である。国民党政権の官僚資本の伝統と一党独裁下の民主的監視機能の欠如が官業の放漫経営と経営不振をもたらしている。(1) 官業は国内市場の独占と国家財政の支援ではじめて経営が成り立っている。

　しかしながら、官業にこのような問題があり、官業の衰退がみられるなかで、官業独占体制は依然維持され、資本の官民二重構造は容易には崩れていない。官民営企業の実態を表 4 － 3 からみてみよう。この表は 1986 年段階、

官民営企業を含めたトップ20社の順位と営業規模および収益額を示したものである。台湾企業のトップ100社のうち、中国石油、台湾電力を筆頭に22社あり、民業は国泰人寿保険、南亜プラスチック工業を筆頭に77社がを（ほかに不明1社）占めているが、営業額をみると、官業が全体の52.8%で、過半を占めている。民業が47.2%となっている。さらに税込み利益では、官業の利益がきわめて大きく、全体の76.4%を占め、民業は23.6%しか占めていない。官業の利益には酒タバコ専売の収益も含まれ、中国造船、台湾鉄路（鉄道）のような赤字企業もあるが、概して売上に対する利益率が高く、全体で19.1%に達しており、民業の利益率平均の6.6%を大きく上回っている。官業のなかでも中国石油、台湾電力、電信局、中国鉄鋼、郵政局の利益

表5－3 台湾官民営企業上位20社の営業額および収益（1986年）

単位：百万台湾元

順位	会社名	営業額		税込み利益	
		官営企業	民営企業	官営企業	民営企業
1	中国石油	205,259		30,668	
2	台湾省電力	127,926		27,987	
3	台湾省省煙酒公売局	69,030		45,291	
4	郵政儲金滙業局	66,727		7,632	
5	交通部電信総局	45,719		14,562	
6	国泰人寿保険		45,196		850
7	南亜プラスチック工業		42,236		3,601
8	中国鉄鋼	40,933		5,868	
9	台湾省プラスチック工業		27,972		3,316
10	新光人寿保険		25,115		882
11	栄民工程事業管理処	24,911		180	
12	中華航空	24,638		637	

続表

順位	会社名	営業額		税込み利益	
		官営企業	民営企業	官営企業	民営企業
13	台湾省化学繊維		22,895		3,807
14	長栄海運		20,462		1,026
15	大同		19,743		749
16	台湾省糖業	18,775		773	
17	遠東紡績		17,326		1,835
18	国産汽車		17,105		524
19	裕隆汽車製造		15,912		1,177
20	統一企業		14,742		584
全体	上位100社合計	738,567	659,493	141,118	43,597
%	100%	52.8%	47.4%	76.4%	23.6%

（出所）中華徴信所『中華民国企業排名（順位）ＴＯＰ500』1987年版142－143頁

　率と収益額が際立っており、まぎれもなく独占利益である。このように台湾現在の産業部門では、官業は石油、電力、鉄鋼の3業種で依然強大な独占支配と巨額な独占利益を獲得している一方、糖業やその他の業種では凋落状態にあるが、全体ではなお無視できない存在である。特に金融部門も含めてみると、官業の支配力がきわめて大きい。金融機関全体の資産額でみた官営銀行の占める割合は79.9％（1986年）に達しており、圧倒的な優位にある。(2)

　台湾産業発展の担い手は以上みたように、民間資本である。民間資本はさらに大企業と中小企業に分けられるが、台湾における大企業と中小企業問題の最大の特徴は、大企業と中小企業との間に系列関係がみられないこと、大企業よりもむしろ中小企業のほうが輸出と経済成長の主役になっていること、そして外資系企業が重要な役割を果たしていることの3点にある。

　1950年代においては大企業といえば官営企業であり、民間には中小零細企業しかなく、そのうちでも零細経営が圧倒的に多い状況にあった。それが国内市場を基盤とする輸入代替産業の発展、一部特定産業（紡績）に対する政府の保護育成政策のもとで、中小企業の成長がもたらされた。そして60

年代の安定成長期に入る、外国資本との資本・技術提携、輸出市場への進出を契機に、民間企業の躍進がみられた。この過程で一部の中小企業が急速に大型化して、大企業の仲間入りを果たした。

　これらの企業は70年代に入ると、さらに大型化し、いわゆる集団企業ないし関連企業の形で登場し、官営企業と拮抗する地位にまで上昇した。内容的には家族的経営を中心とした財閥であり、資本規模が大型化すると同時に、経営の多角化が進められ、ごく一部は同一業種における素材から製品、流通までの垂直的投資の拡大をはかるほか、多くは異業種への水平的投資の拡大をして、コングロマリット型企業に成長している。1974年から1983年までの上位100社の動向をまとめたのが表の5－4である。集団企業の傘下企業数や従業員数はこの10年間ほとんど横ばいの状態であるが、資本額、資産額、営業額など財務関係の指標でみると、資本蓄積が急速に拡大している。なお、上位100社の売上高の規模は、ＧＮＰと比較すると、1973年に34％、1983年

表5－4　台湾の集団企業100社の経営指標動向（1974－1983年）

年代	集団企業数個	子会社企業数社	雇用者数千人	1集団企業当たりの経営指標（億台湾元）					
				子会社数	雇用者数（人）	自己資本	資産額	営業額	純利益額
1974	111	784		7.1社		5.7	175	136	0.85
75	106		284		2,679	7.1	209	145	0.64
76	106	678		6.4社		8.1	238	184	0.99
77	100		300		3,002	10.0	296	236	1.23
78	100	651		6.5社		11.6	329	300	2.16
79	100		313		3,128	14.0	415	382	2.60
80	100	645		6.5社		16.2	481	457	2.30
81	100		308		3,076	18.9	599	508	1.38
82	96	713		7.4社		20.4	713	562	1.35
83	96		330		3,439	23.3	823	660	3.10

　注：子会社数と雇用者数は隔年ごとに欠落している。

　（出所）中華徴信所編『台湾地区集団企業研究』1985/1986年版、34-36頁

　には32%でＧＮＰの約3分の1を占めている。また、1981年の商工業センサスによる生産総額との比較では、17%を占める。この割合が大きい。しかし、問題は集団企業の不安定性ないしは不健全性にある。この10年間に上位100社から脱落した集団企業は42社にのぼり、1983年現在、比較的健全な経営基盤を維持している集団企業はわずか40社程度であるといわれる。問題の核心はその家族主義的経営から脱皮できないでいるところにある。上記の企業研究によると、集団企業の脱落率の高いのは、家族的経営は中小企業レベルでは大きな活力を見せるのに対して、企業が大型化するにつれてその弱点が露呈するためであると指摘している。[3] この指摘は反面、一例として中小企業の活力の内在的条件の所在をも示唆している。

表5－5　台湾民間集団企業8社の経営規模（1983年）

単位：億台湾元、人

グループ名	企業数	主要業種	営業額	資本額	資産	社員数
台湾省プラスチック　1	18社	プラスチック、化繊	820	321	733	33,234
（王永慶）						
霖園（国泰）　　　　2	22社	保険、信託、リース	331	40	489	9,123
（蔡萬春、萬霖）		食品、建設				
台南紡績　　　　　　3	33社	紡績、セメント	312	113	339	16,115
（呉三連、候雨利		食品、建設、貿易				
裕隆自動車　　　　　4	10社	自動車、紡績	288	116	288	12,135
（厳慶齢、呉舜文）						
遠東　　　　　　　　5	17社	紡績、セメント	282	113	365	16,372
（徐有庠）		デパート、運送				
新光　　　　　　　　6	21社	保険、紡績	272	54	394	28,584
（呉火獅）		化繊、ガス				
大同　　　　　　　　7	28社	家電、電子	235	63	330	33,234
（林挺生）		電機、通信				
永豊　　　　　　　　8	23社	製紙、化学	104	55	109	6,461
（何傳、何永）		機械				

　注：基準は1971年の調査以来、業績が持続的に上位に位置するものとした。
　　　順位は営業額順である。なお、創業者、代表者の中に故人もいる。
　（出所）中華徴信所編『台湾地区集団企業研究』1978年版 1985/1986年版。

　競争と淘汰を経る過程で、比較的安定した地位を確保している代表的な集団企業は表4－5に示す8社である。この8社のうち、台湾プラスチック、大同、永豊グループが同一業種における垂直的拡大をしているのに対して、霖園、台南紡績、裕隆自動車、遠東、新光グループは異業種への水平的拡大を図っている。また、台湾プラスチック、裕隆自動車、大同、永豊グループが製造業に特化しているのに対して、その他のグループは製造業のほか、建設、流通、保険部門への進出に化なりの力点を置いている。特に霖園、新光の2グループは商人資本的な性格が強い。

　集団企業は家族的な経営を基軸にしていることから、血縁、地縁的色彩が強く、大まかに戦前から台湾に住み着いている本省人系グループと戦後大陸から渡ってきた外省人系グループに分けられる。この観点からみると、裕隆自動車と遠東の2社が外省人系であるのに対して、他の6グループは本省人系である。なお、王永慶が率いる台湾プラスチックグループは名実ともに台湾最大の民間企業で、官営企業と比肩できるまでに巨大化していると同時に、唯一国際級のビッグビジネスに成長している。[4]

　一方、台湾における外資系大企業の役割は主に輸出にある。1986年の輸出上位100社の企業を内外資本別にみると、内資系が63社、外資系が37社を占めるが、上位50社に限ってみると、外資系が過半数の26社を占めている。上位100社の輸出金額では、内資系が全体の55.9％、外資系が44.1％を占め、外資系の輸出大企業の輸出における重要な役割を読み取れる。(5) 業種別でみると、内資系は紡績・アパレル、電器電子、プラスチックなどに多いのに対して、外資系は電器電子に集中しており、それに輸出比率は90－100％と極めて高いのが特徴である。これに対して、内資系の輸出比率は必ずしも高くはない。概して中小企業は輸出指向であるのに対して、大企業は内需を市場基盤にしている。従って、中小企業はかえって外国資本と深く関係を持つことになる。この辺に台湾おける大企業と中小企業問題の大きな特徴と問題の所在がある。

　このように台湾の大企業ないし集団企業は次のような問題を抱えている。一つは規模はなお小型である。その理由は官業による産業と金融の独占体制

にある。ふたつ目は家族的経営の限界である。その理由は台湾の家族制度における均分相続や独特の価値体系の為に、企業経営の大型化や近代化が立ち遅れ、近代企業への発展が阻害されるということにある。三つ目は商人資本的性格である。一見産業資本的資本蓄積が進められる中、技術の蓄積が浅く、研究開発投資への意欲が乏しく、産業高度化の担い手になりきれず、商人資本的蓄積に流れる傾向が強い。ここにそうした大企業ないし集団企業の限界がある。そして経済成長の担い手が中小企業にあるところに台湾経済の最大の特徴がある。

　台湾の中小企業が台頭し、注目されはじめたのは、民間の大企業が集団企業として登場した 1970 年代以降のことである。その背景には、中小企業自身の発展があるほか、中小企業は労働集約型産業の主体であることはいうまでもないが、中小企業は輸出の主要な担い手であり、経済成長の担い手の役割を果たしていることが明らかになってきたからである。

表 5 − 6　製造業の大企業中小企業別主要経済指標の比較

従業員数単位：千人　金額単位：10 億台湾元

	企業数		従業員数		資産額		生産額	
	1976	1986	1976	1986	1976	1986	1976	1986
合計 %	69,517	113,639	1,908	2,754	1,053	2,993	813	356
	100%	100%	100%	100%	100%	100%	100%	100%
零細経営 -29 人	59,886	97,191	399	699	95	381	111	518
	86.2%	85.5%	20.9%	25.4%	9.0%	12.7%	13.5%	15.4%
小企業 30-99 人	6,335	11,934	337	619	107	390	112	617
	9.1%	10.5%	17.7%	22.5%	10.2%	13.0%	13.7%	18.4%
中企業 100-499 人	2,851	4,023	576	774	238	753	239	973
	4.1%	3.6%	30.2%	28.1%	22.6%	25.2%	29.2%	29.0%
大企業 500 人?	445	491	596	662	613	1,469	357	1,248
	0.6%	0.4%	31.2%	24.0%	58.2%	49.1%	43.6%	37.2%

　（出所）台湾行政院台門地区工商普査委員会『中華民国六十五年（1976 年）台閩地区工商業普査（センサス）報告』第三巻第一冊 426-427 頁

　台湾行政院主計処『中華民国七十五年（1986 年）台閩地区工商業普査報告』第三巻，台湾地区製造業，1986 年，22-23 頁

　表 5 - 6 は 1976 年と 1986 年段階の製造業における大企業、中小企業別の
経済指標を集計したものである。ここでいう大企業とは、資料の関係上従業
員規模 500 人以上とした。同様に表でみる通り、中企業、小企業、零細経営
に区分して、両時点の変化を比較している。その前の 1966 年の製造業企業
総数は 27，709 社であり、そのうち大企業はわずか 131 社しかなく、中小企
業が多いといわれる日本と比べても、絶対的多数が中小企業であった。それ
が 76 年には表のように、企業総数が 69，517 社に増加し、10 年間で 2.5 倍
となったが、増加の大部分は中小企業である。さらに 86 年には 113，639 社
に増え、1.6 倍増である。この間、大企業は 445 社から 491 社に微増しただ
けで、増えたのはほとんど中小企業である。以上三つの時点の中小企業数の
増加動向がそのまま経済成長を体現しているといえよう。次に 1970 年代か
ら 80 年代にかけての中小企業の動きを大企業と比べてみよう。まず、企業
数では既に述べたように、大企業は横ばいで、中小企業や零細経営の増加が
著しい。従って、絶対数ではなく、構成比でみると、従業員数、資産額、生
産額、すべての指標で、大企業の占める割合が減少し、中小企業、零細経
営のそれが増大している。その中でも、小、零細経営の増大が目立ってい
る。従業員数の構成比でみると、大企業は 1976 年の 31.2％から 86 年には
24.0％に縮小したのに対して、小、零細経営は 38.6％から 47.9％に拡大し
ている。それが生産額とも関連して、同時期に大企業が 43.6％から 37.2％
に低減したのに対して、小、零細経営は 27.2％から 33.8％に増大している。
大企業と小、零細経営の生産額が接近している点に注目に値する。また、
1986 年時点の零細経営を含めた中小企業の生産額は全体の 62.8％を占めて
おり、中小企業と大企業の間に基本的には系列関係がないとすれば、中小企
業が生産をリードしていることはいえるであろう。

　一般的に中小企業は規模、資金、管理、技術、マーケティングなどに不利
な条件下におかれている。この点は台湾も例外ではなく、むしろ多くのハン
ディを持っている。しかし、中小企業は輸出と経済成長の主役である。1981
年から 1985 年までの期間をとってみると、中小企業の輸出は少ないときは
輸出全体の 59.2％、多いときは 69.7％と平均して輸出の約三分の二を占め

ている（6）。この割合は極めて大きく、中小企業は輸出をリードしていると
いわざるをえない。台湾の経済は輸出に依存して成り立っていることから考
えれば、中小企業は経済発展の主役であるといえる。

　では、台湾の中小企業はどのようにして、輸出指向的発展を遂げたのか。
まず第1に低賃金労働による労働集約型製品の比較優位をあげることができ
る。台湾の賃金水準はこれまで国際的にみても低く、中小企業の賃金が大企
業よりは低い。それに家族経営的性格を持つことにより、労働コストの比較
優位性を保持し、国際競争力を支えている。第2に、多種少量、商品差別化
生産により、規模の経済性における中小企業の比較劣位性を克服し、市場競
争力を確保している。一部の業種、たとえば、電子部品、縫製、履き物、ス
ポーツ用品、プラスチック製品、金属製品、民芸雑貨などでは、適正規模の
経済性が強く、中小企業はここに存立する市場条件を得ている。第3に、外
国資本との提携、系列化ないし国際下請けによって、輸出市場への進出であ
る。たとえば地場企業のOEM（注文先ブランド製品）輸出、地場メーカー
製品の外資系商社経由しての輸出など、外資とのさまざまな形の提携による
輸出が多い。公式統計はないが、外資系企業自身の輸出を含めて、台湾の輸
出の半数ないしは三分の二は外資に依存しているとみられている。中小企業
としては外資との系列化や国際下請け関係を結ぶことによって、技術とマー
ケティングの弱点をカバーして、輸出市場に進出しているのである。このほ
かに、中小の貿易商社による輸出の役割も無視できない。中小企業の輸出は
大きく外資に依存しながらも、一部の台湾の中小商社自身が担っている。統
計では、メーカー2社に対して商社が1社の割合で商社が林立している。こ
れら零細商社が世界を駆けめぐって、雑多な中小企業の製品を外国に販売す
る役割はそれなりに果たしている。その量は全体の三分の一を占めている。
台湾の輸出額が大きいだけに絶対額では決して小さくない。以上のように、
台湾の中小企業は国際分業体制に参入することにより、輸出指向的発展を可
能にしているのである。

　中小企業は規模が小さいことから一般に家族的経営を共通の特徴とし、そ
の存立条件は社会経済的要素と深く関わっている。台湾経済における中小資

本が成長し、経済発展の担い手となる現象の特質は次の4点にまとめることができる。まず第1に、その家族的経営の性格である。これは家族制度や価値体系とも深く関わる問題で、台湾の場合、個人の旺盛な営利心と企業主指向の行動様式が社会に根深く存在し、企業主を中心とする拡大家族的経営は対内、対外とも強力な経営主体を形成する。第2に、その商人資本的な性格である。加工生産に従事一方、対人信用に立脚した非制度金融を活用して金融問題を処理し、流通にも強い経営能力を具備する。第3にその市場競争的性格である[7]。上述のように、台湾の知勇小企業は政府の政策的保護の外におかれ、放任される形で、激しい市場競争に揉まれて成長してきた。弱者は余儀なく淘汰され、強者のみが生き残っている。既存中小企業が強いのはこのためである。第4に、その国際的性格である。中小企業が輸出指向である点は既にみてきたが、近年はその活発な海外進出が注目を浴びている。積極的に資本輸出を展開する行動様式は、その国際的性格をいかんなく発揮している。こういう特質はすべての華人資本に共通してみられるものである。事実、台湾は歴史的、社会的に対岸大陸の門南、広東省地域にルーツを持つ漢民族の入植社会であり、香港や東南アジア地域の華人社会に特有の経済活力を台湾も共有しており、旺盛な営利指向の価値体系と行動様式およびそれに根ざす勤勉な労働倫理が支配的な社会である。ここに台湾中小資本の活力の文化的な背景があり、台湾経済発展のダイナミズムの社会経済的根源があるといえよう。

2. 東南アジアの華人資本

a. 華人にとって東南アジア。東南アジアの華人資本を考える時についてまわるものが二つある。華人の居住国政府と民族集団である。これら特に前者がしばしば華人資本の活動に影響を及ぼしている。基本的なスタンスが二つある。まず政府権力者は一方では国民のショービニズムを利用して、華人集団の政治的排除を一部実行することで政権基盤を強化し、他方では、華人資本を「私的利益」の為に利用するものである。つまり政治権力の対華人資本スタンスには、表と裏があり、表が国家社会原理における民族性の強調、それと表裏一体になった華人性の排除である。裏が経済分野で華人資本を利

用する、あるいは利用せざるをえないというものである。この二面性が権力の特徴と言える。次に民族集団は日常生活における宗教、文化、生活習慣の違いから華人集団に対する不満を持つだけでなく、植民地期経済に起因する華人集団の経済的優位に対して反発感情を持つ。政府や民族集団は状況に応じてこれを利用する。そこから「排華」運動（8）が起こる。むろんこの両者のスタンスは、独立当初にはよく当てはまるが、数十年経過した現在は一方では薄れ始め、他方では融和の社会的雰囲気が出現し、かなり「変容」したと言ってよい。とは言え、この基本的スタンスが完全に消滅した訳ではなく、社会底流に流れ続けているのも確かである。東南アジア社会に定住したとは言え、華人資本は、この二者の動静から全く自由な訳ではなく、時としてそれに規定されることがある。

　一方、華人資本にも二面性を持っている。前述のものとは意味は違うが、華人資本は地場資本と国際資本の二つの顔を持っている。ごく一部の資本を除くと、東南アジア華人資本が現地経済に密接に関わっていて、土着化したことは疑いないが、同時に、東南アジアの地域枠を越えて、アジアや世界に活動の場を求める、これも間違いのないことである。この二つは、本来は少しも矛盾しないが、華人資本の場合、その歴史的性格が故に、後者の動きは前者からの離脱だと考えられてしまうのである。考えてみると、そもそも東南アジアに渡航したときから、華僑は二面性を持つ存在（身は東南アジア、心は中国）であったが、土着化した現代にも二面性がついてまわる。むろん現代華人の意識が分裂しているのではなく、土着化傾向にあることは間違いのないことであるが、民族集団などからみれば、東南アジア民族資本としての海外投資の動きが時として「無国籍的」とイメージされてしまうのである。

　華人資本の二面性に関連した興味深い現象が、華人アイデンティティの重層構造である。東南アジア華人が土着化して、「タイ人」、「マレーシア人」になったが、彼らの自己アイデンティティの問題は、そう単純ではない、シンガポール人のアイデンティティについて、よく次の多次元構造が言われる。米国に旅行するときは自分がシンガポール人だと意識する。これは中国に旅行するときも同じであるという。シンガポール国内で、マレー人、インド人

と混在しているときは、

　自分は「華人」だと意識する。そして華人同士が集まる時に、広東人や福建人の中で、それぞれ自分に「広東人」、「福建人」だと意識するものである。勿論これはシンガポール人限ってのことではない、中国人全員、強いては他国の人にも言えることであるが、複合社会である東南アジアにあって華人の置かれている環境を考えれば、容易に想像できるものである。土着化したからこそ、シンガポール人という国民意識が新たに生まれ、彼らが生活する社会が複合社会であるこそ、

　華人というグループアイデンティティが有効性を持ち、そして、華人の出身母国の歴史的、地理的空間が巨大であるからこそ、広東人、福建人、潮州人というサブ？アイデンティティが、自分たちをさらに識別する価値基準として機能しているわけである。これは、移民先で華人社会の規模が大きく、母国を離れても自己完結的な中国的社会の維持が可能なこと、文化的民族的個性（中華の歴史文化伝統）があまりに強烈な為に生まれた現象とも言えるが、どんな時代のどの場所の海外華人にも、永遠についてまわる「宿命構造」なのかもしれない。要するに、華人をめぐる問題は多面的な「複合構造」からなり、華人や華人資本を考える場合に東南アジアの重層的でデリケートな政治社会構造と経済に触れることを意味するものである。

　b. 現代華人資本の特徴。まず、華人資本は生成過程において三つ要素がある。自助努力、政治テコ、外国資本との合弁である。華人資本はこのうちの一つか複数の組み合わせで生成・発展するものである。活動面では、多国籍化、海外投資、そして組織面では「同族所有」である。

　第2に、「巨大性志向」である。華人資本は決して一つの分野に特化することがない。最初に参入した分野で資本の蓄積を果たすと、関連分野や有望な新規分野に次々と拡大していく。これは「消極的なリスク分散」ではなく、「積極的な資本膨張」である。ここに中華思想が影響しているかどうかは別として、中国の国有企業にしても、台湾企業にしても、他の華人系企業にしても、中国人経営者の企業からはほぼ例外なくこのような「巨大性志向」がみられる。これは資本の論理として当然の行動と言えるが、その背後には巨

大さへの貪欲なまでの衝動が感じられる。ＡＳＥＡＮ諸国のトップ企業をみれば一目瞭然だが、究極のねらいは戦前日本や現代韓国財閥のように、あらゆる産業分野に進出する「ワンセット型」にあり、旧来の華僑企業の投資パターンとは明らかに違う。

　第3に、有力資本には「合弁」事例が目立つことである。合弁の相手には二つのタイプがあり、一つが同じ華人資本、もう一つが外国資本である。通常、前者はネットワークの面で説明できるが、注目されるのは後者で、これが華人資本生成の有力パターンの一つである。インドネシアで自動車産業の中軸に成長したアストラ・グループが、日本のトヨタと合弁を組んだことが成長のテコになったのは有名だし、タイでも地場資本最大の自動車企業、サイアム・モーターズ・グループは、生成過程で日産自動車を先頭に、ダイハツ、ヤマハなどと組んでいる。またタイで、繊維産業など有力製造業グループが、主に日本企業と組んで成長したことはよく知られている。フィリピンでも金融を軸にしたユーチェンコ・グループは、さまざまな分野で日本、アメリカ、ヨーロッパ資本と合弁事業を展開している。ホンリョンも、シンガポール・グループは初期投資に小野田セメント・三井物産、近年はＩＢＭ、インド資本（ハイテク分野）と、マレーシア・グループは海外投資において、華人資本、政府資本、外国資本など多様な現地有力資本と組んでいる。合弁は海外投資、新規分野への参入で、資金調達だけではなく、技術？専門経営力、さらには「政治」の問題をクリアーすることにねらいがあるが、数多くの外国資本との合弁事例は、現代華人資本が決して伝統的な「身内ネットワーク」だけに固執・依存するものではなく、世界中のあらゆるタイプの資本との連携に柔軟なことを語っている。この意味では、華人資本は、もはや「身内ネットワーク」資本だけではなく、「世界資本」と言ってもよいのかも知れない。

　第4に、政治的経済的逆境に置かれても、機会を捕らえるのが素早いことである。マレーシアでブミプトラ政策で100％の華人資本の企業が認められなくなると、「アリ・ババ企業」が作られた。フィリピンの華人資本もマルコス時代のクローニーの一員であったユーチェンコ・グループとルシオ・タン・グループは、マルコス体制崩壊後、消滅するどころか、クローニー批判

をくぐり抜けて一層事業を拡大している。これは、さまざまな規制や逆境のなかで、いかに華人業が強かに生き延びているか、「対応能力」を示す一つの例といって良いであろう。むろん政治との「黒い霧疑惑」を巧みにくぐり抜けるのは華人資本だけでなく、日本にも、それこそどこの国にでも簡単に見つけ出せるが、「特定権力との癒着＝政権の崩壊＝華人企業の没落」、あるいは「政府の抑圧＝華人資本の消滅」という単純な図式には当てはまらないところに、華人資本の強かさが読み取れる。

　第5に、華人資本の土着化である。これは東南アジアによくみられることである。華人企業家自らの意志による側面と、現居住国政府から「強制」された側面がある。例えば、マレーシアではブミプトラ政策により、一定比率のマレー人資本が義務付けられたが、当

表5－7　インドネシアの20大企業グループ（1990年）

単位：10億ルビア

順位	企業グループ名	総帥（中国名）	事業分野	売上高
1	サリム	Liem sioeLiong	製粉、セメント、自動車、食品、化学	133,00
			アグリビジネス、金融、不動産	
2	アストラ	Tjia kianLikng	自動車.重機.事務機	9,567
			アグリビジネス、金融	
3	シナル・マス	Oey EkTihkng	紙パルプ、化学、金融	3,675
			アグリビジネス.不動産	
4	グタン・ガラム	Tjoa TOHing	丁子タバコ	2,133
5	ジャルム	不明	タバコ、電気、電子	2,110
6	ダルマラ	GO kaHIM	貿易、金融、飼料、不動産	1,985
7	リッポ	Lee MOTie	金融、自動車部品	1,900
8	バンク・バリ	Lie TkngTjiang	金融、繊維、不動産	1,835
9	マントラスト	Tan KikngLiep	乳製品、食品加工	1,800
10	アルゴ・マヌンガル	The Ningking	繊維、金属製品	1,566
11	ボブ・ハッサン	The kianseng	林業、製油関連サービス	1,565

続表

順位	企業グループ名	総帥（中国名）	事業分野	売上高
12	ビマンタラ	プリブミ	石油化学、通信機器、自動車、有線テレビ放送、海運、不動産	1,560
13	ジャヤ	Tjie TjienHoan	建設、不動産	1,546
14	バリト・パシフィック	Phang DjumPhin	林業、紙パルプ、石油化学	1,525
15	ロダマス	Tan siongkie	洗剤、板ガラス、調味料	1,500
16	ワナンディ	Lien BianKhoen	自動車部品、化学	1,200
17	ヤン・ダルマディ	Fuk JoJan	不動産	1,160
18	パニン	Lie MoekMING	金融	1,150
19	スダルポ	プリブミ	貿易、金融、海運	1,078
20	アルヤ・ウパヤ	ONG KaHuat	金融、陶器、不動産	1,060

（出所）岩崎育夫『華人資本の政治経済学』東洋経済新報社 1997 年 91 頁

　然、華人企業にマレー人役員が加わるし、他方では、華人資本の側面でも動機は何であれ、有力マレー人を経営陣に登用する動きがおこる。ここまで来ると、この企業はもはや「華人企業」というよりも「マレーシア企業」と呼んだほうが適切である。同じことはインドネシアでもみられ、一部の華人企業はプリブミの専門経営者や政府関係者を役員に登用し、ここから土着化が進行する。華人資本は、いまや、巨大な事業規模や資金力を持つまでに成長し、ＡＳＥＡＮ諸国の国民経済を政府資本、民族資本、外国資本とともに担うまでになった。そして海外投資も一般化的になったが、投資パターンが基本的に国

　内基盤型に属し、海外投資の理由もますます資本膨張型が増えつつある。換言すれば、華人資本の海外投資は積極的とは言え、それは国内基盤に立脚した投資であり、ごく一部の例外を除くと、海外への移転？逃避と理解するのは、もはや実態に即した理解とは言えない。海外投資は先進国多国籍企業の海外投資と同じ性格のものであり、すなわち国内を基盤にした利益目的の投資と理解すべきなのである。要するに、土着化した華人資本の海外投資は地場資本の海外投資にほかならず、そういう観点に立って、華人資本をみた

ほうが実態をより正確に捕らえやすいと思う。

　第6は、前に関連するが、華人資本はもはや「無国籍資本」ではなく、「シンガポール資本」、「インドネシア資本」などと理解したほうがよいということである。インドネシアでは、華人企業家のうち、中国的要素を強く持った企業家を「トトック（9）」、土着化要素が強い企業家を「プラナカン（10）」と呼んで区別している。近年の中国投資ブームで目立った活躍をするのがトトック的企業家であるが、しかしインドネシアの華人企業家全体は、世代交代もあり、後者タイプのプラナカンが主流になりつつあるという。これを端的に語るのか、表4－1のインドネシア20大企業グループに名前を連ねる華人企業18社の創業者のうち、中国生まれは3人だけで、後の15人がプラナカンという事実である。彼らが担う資本は明らかにインドネシア資本というべきであろう。

　c. 東南アジア華人資本の海外投資。第三章で少し触れたが、華人資本の海外投資パターンは投資分野との関連で大きく二つに類型化できる。一つは「国内産業延長型」で、国内で生成？発展し、基盤を持つ中核業種を延長的に海外市場に投資するものである。もう一つは「無関係業種投資型」で、国内の主軸業種とは全く無関係の産業分野に新たに投資するものである。これをさらに細分化すると、次の四つのタイプに類型化できる。

　（1）「海外シフト型」　これは東南アジアで基礎を築いた後、それを海外にシフトするものである。その代表的な例はタイのアグリビジネスを基盤にするＣＰグループ（中国名：正大集団）である。チア一族が所有、経営する同グループは1921年に貿易会社として設立し、戦後、肥料事業で基盤を築き、同分野ではタイの国内市場の50％近くを占める巨大企業にまで成長した。その後ブロイラー産業や他のアグリビジネス分野にも拡張して、タイ最大の食品産業に発展した。この国内基盤をテコに、タイの有力企業の中では早い段階から海外展開を始めたが、1960、70年代は香港やＡＳＥＡＮ地域が中心であった。しかし、中国が有望な市場として台頭した80年代なかばからは、投資が中国に集中していく。投資業種も飼料工場、鶏卵生産、ケンタッキーフライトチキン店舗網といった食品関連からオートバイ組立、ビール生産へ

と広がり、さらに90年代に入ると、不動産開発、石油化学、セメント、自動車産業へと多角化する。将来はデパート、石油精製分野への進出も検討されているという。この投資分野一覧からわかるように、タイでは食品関連が中心、他方中国では最初こそ国内延長型でスタートしたが、すぐに多角的分野に投資し、財閥企業集団並に「ワンセット」型投資に転換している。これら一連大型投資の結果、中国に110社の合弁会社を持ち、1990年度からグループ全体の資産、利益に占める中国でのシェアはタイのそれを上回り、約4－6割を占める。近く中国事業を統括するため、上海に中国本社を設立する予定だという。

　マレーシアの「砂糖王」と呼ばれているロバート？クオックはマレーシアの米取引で事業を始めたが、1960年代頃、砂糖事業に参入する。そして10年も経たないうちに砂糖の一貫体制たるプランテーション生産～精糖工場～流通貿易会社を築き上げ、資本を蓄積した。それをテコに70年代から海運、ホテル（シャングリラ？グループ）、製粉、不動産開発、貿易などに多角化して、国内で巨大な企業グループを築き上げた。1970年末、クオック自ら香港に移り、香港のケリー社を新たな拠点として事業を展開していく。新拠点からの投資は、シンガポール、香港、中国とアジア各地に広がるが、90年代に入ると、とりわけ中国？香港投資が活発になる。上海や北京で大規模な不動産開発やホテル事業を展開し、1993年秋には、中国政府系銀行から資金援助を得て、香港の有力英字紙『ＳＯＵＴＨ　ＣＨＩＮＡ？ＭＯＲＮＩＮＧ　ＰＯＳＴ』（南華早報）を買収する。現在クオックの投資や資産は香港？中国が中心なのである。

　このタイプの企業は、活動が華々しいので目立つが、全体としてはそういうケースは多くない。また、これらの企業はもはや「中国系企業」だとする向きがあるが、ＣＰグループもクオックも、それぞれタイとマレーシアの代表的な一次産品（アグリビジネスと砂糖）で事業を築きあげただけでなく、いまも東南アジアの国民経済に深く関わり続けている。

　(2)「東南アジア基盤型」　海外投資は行うが、それはＣＰグループのように海外移転ではなく、あくまでも東南アジア地を事業の拠点にし、海外投資

はその一部にすぎないのがこのタイプである。ある意味では、海外投資を行う東南アジア有力華人資本は、ほとんどこのタイプに属すると言って良い。シンガポールマレーシアを代表するコングロマリット型のホンリョン・グループ、インドネシアのサリムグループは基本的にこのタイプに属する。また、製紙業を中核事業にする企業グループランク3位のシナールマスグループも、創業者の次男、

ウィー・ホンリョンを経由して海外で製紙関連産業投資を行っているが、これも東南アジア基盤型による国内産業延長型投資の代表例である。このタイプの企業は世界市場を積極的に活用するが、本拠地の活動が中心で、海外投資はその延長線上に過ぎない。東南アジアの華人資本は、さまざまな意味で現地化したといって良いが、このタイプの投資がこれをよく語っている。

　（3）海外投資に資金の大半を投入するが、しかし、海外シフト型と違い、長期的な事業基盤を移転形成するのではなく、短期的な利益獲得をねらった投機目的で行うのがこのタイプである。その代表として、インドネシアの有力企業グループ、シナールマスを所有するウィジャヤ家の第二世代実業家、ウィーホンリョンが挙げられる。ウィーの事業活動は1980年代から目立つが、それは2段階に分けられる。第1段階は、80年代初頭、シンガポール最大の洗剤製造会社で上場企業の、ユナイデッドインダスとリアル？コーポレーション社を買収して経営陣に加わり、シンガポールで活動を始めた頃のものである。ウィは同社を拠点に投資活動を展開するが、その方法は、一つは同社を不動産、貿易、金融などの分野に多角化し、洗剤会社から相互会社に転換し、海外小会社網を作り上げる。もう一つは、シンガポールに設立した「個人会社」を拠点にシンガポール、マレーシア、香港、アメリカ、カナダ、日本などで、多面的に不動産、株式投資を行い、短期的な利益をねらった投機的な投資を行う。

　ウィーは90年末、これらの大規模の投資を行うために行った巨額借り入れの返済難に陥り、他の要因も加わって、同じインドネシアのサリム・グループにユナイデッド社を売り渡すことになり、シンガポールで活動拠点を失ってしまうが、これでウィーの活動が終わったのではなく、場所を変えて、

継続された。それが第 2 段階で、新たな場所での事業スタイルも第 1 段階の
それと同じである。ウィーは 1991 年に香港のチャイナストラジック投資社
を買収し、同社を拠点に成長著しい中国市場に向かった。92 年には、福建
省泉州市当局と共同で、同市の 40 数社の公営企業の近代化を請け負う。こ
れ以外にも寧波で 4 社、大連では 101 社にも及ぶ公営企業の近代化事業を請
け負う。これら企業の支配権取得のために 10 億元人民元を投資したという。
それだけではなく、折江省ではインドネシア本家の事業たる製紙業に 8 億米
ドルを投じて 30 社を買収した。この一連の中国投資は、ウィーが中国の大
学に留学（福建省泉州市）した時の人的ネットワークを使ったと言われる。
そして、1994 年 11 月には、香港の代表紙である『明報』を刊行する明報エ
ンタープライズ社の会長に就任、合わせて同社の所有株式を 5％から 11％に
増やす。これは同社を所有する香港の若手実業家と共同で中国ビジネスを拡
大する戦略の一環であったとされる。

　ウィーはこのまま中国ビジネスに定着するのか、それとも新しい格好の機
会があれば、次はそこに移るのか不明である。ウィーの投資スタイルは長期
的な投資観点に立つものではなく、短期的な利益がねらいの投資ということ
である。シンガポールで失敗した後、現在中国でそれを試みている訳である。
ウィータイプの投資家は東南アジア資本の中では少数派と言えるが、そのス
タイルは植民地時代の機会があれば、どの国のどの市場にも投資をする「無
国籍華僑投資家」をほうふつさせる。時として実態以上に過大にイメージさ
れる現代の華人資本の一つの側面を代表する企業家といって良い。

　(4)「中小企業ベンチャー・ビジネス型」　海外投資をするのは巨大企業だ
けではなく、中小資本も行っている。大企業と中小企業を分けるポイントは、
前者は東南アジアの拠点国で巨大資本な事業基盤を築き、それをテコに海外
展開をするのに対して、後者は国内市場が巨大資本支配されてビジネス？チ
ャンスが少ないので、あるいは、最初のスタートから海外での事業展開を意
図して行うことにある。つまり、このタイプは東南アジア本国にはほとんど
事業基盤を持っていないのである。投資は貿易から軽工業まで分野が広いが、
中小資本という性格上、統計から漏れるケースが多く、その全体像を掴むの

は難しい。とはいえ、これもまた東南アジア華人資本の海外展開の一つの姿であることは確かである。

　近年の東南アジア華人資本の海外投資には目覚ましいものがあるが、何故大挙して海外投資を行うのだろうか。その理由について、これまで様々な説明がなされているが、次の三つにまとめることができる。

　第1が「資本膨張説」である。これは、東南アジア諸国の華人資本は、国内市場で巨大な企業グループ網を築き上げたが、アジアNIEs次いで高い成長地域となった東南アジア市場は、いわば成熟段階に達しつつある。そのため、国内市場では行き先の内「余剰」資金が、新たな市場、投資先を求めて海外に向かったとする見方である。言い換えれば、ある産業で国内基盤を築き上げた企業が、規模の経済や新市場を求めて海外に出ていく、という見方と同じである。

　第2が「資本逃避説」である。華人資本は今でも潜在的に政治社会的に不安定な立場に置かれ、いつ「反華僑」の動きが起こって、資産保全が脅かされるかわからない。そのため、資産の一部を海外に移して安全を図るとする見方である。また、一つの国に投資や資産を集中したならば、資産の保全も脅かされる。そのため、複数国に投資を分散して安全を図るとする「危険分散説」、さらには、東南アジアの華人資本は、マルコス政権に象徴されるように、特定政権と癒着して成長したものが少なくなく、体制が崩壊した場合、資産が接収される可能性が高い、そのため、政権崩壊を見越して海外に資産を移転する。その結果としての海外投資とする「政治危機回避説」である。

　第3が「故郷投資説」である。これは、主に中国投資を説明する見方であるが、植民地時代の華人企業家は、事業に成功してお金を貯めると、故郷に寄付して学校建設や社会事業に役立てるのが一般的であった。これには、故郷に錦を飾る意識と、恩返しの意識の二つが混ざっているが、現代の企業家も同様に単なる寄付だけではなく、中国に事業投資して故郷の経済、地域開発に役立てる、いわば利益抜きで投資を行うという見方である。これは中国では「感情投資」と呼ばれている。この見方は今でも、特に日本人の一部の人々の間で根強く唱えられている。

　この三つの理由はそれぞれ妥当性を持っていると言って良い。大半の企業家の海外投資は、どれか一つの理由で説明できるものではなく、強弱の違いを持ちながら、三つの要素の微妙な組み合わせから成っていると思われるからである。とはいえ、現代企業家の海外投資に第3の要因が決定的だとは思えない。戦前期の第一世代はそうであったかもしれないが、現地生まれの第二世代にこれが当てはまるとは言えない。

　現代の海外投資の主要動機は、第1の利潤を求める海外への「資本膨張説」にあるといって良いであろう。華人資本の海外投資の具体的な事例を検討していくと、先にみた海外投資パターンが示しているように、国内で築いた産業を基盤にそれを発展させる形で海外投資する、あるいは国内市場では適当な投資先が見つからない余剰資金を海外で運用する為に投資する。この二つが一般的だからである。つまり、華人資本の海外投資は、先進国の多国籍企業とほぼ同じ、規模の経済の追求、海外市場を求めるという理由か、あるいは、「投機的投資」で説明できるものである。これはあらゆる時代のあらゆる資本に共通した論理であろう。

　ｄ．華人資本の海外投資における香港の役割。華人資本の経営活動である国内の事業展開においても、海外投資においても、その特徴的な活動スタイルを説明するのに、よく登場するのが「ネットワーク」という言葉がある。これで華人資本の活動すべてを説明しようとしたり、華人資本とネットワークを特殊関係的なものとして論ずる傾向がある。果たしてこの「ネットワーク」を使うのが華人だけの特性なのか、といった疑問が一部の研究者の間から出されている。ここでは、ネットワークとは何なのか、定義をめぐる問題と華人との関連性を論ずるつもりがなく、華人の一般的な事業展開がどのような方法やルートで行われているのか、海外投資を事例に検討することが目的である。

　華人資本の海外投資ルートをみていくと、注目すべきは香港の役割である。香港が果たす重要な機能の一つは、東南アジア華人資本や世界の有力資本が、まず香港に集まり、共同出資の会社が設立され、その大半が投資持ち株会社であるが、そこから中国などの最終投資先国に投資されるというパターンが

多いことで、香港は世界各国資本の組み合わせの場所を提供している訳である。図 5 － 1 は東南アジアの有力華人資本と香港のトップ香港の華人資本の連携関係を示したもので、ここに登場する東南アジア華人資本のうち、マレーシアのホンリョンとクオックの二人は、同国の華人企業グループのトップの座を争い、インドネシアのサリムとリッポは、同国企業グループ・ランクの

図 5 － 1　華人企業と中国企業の資本関係

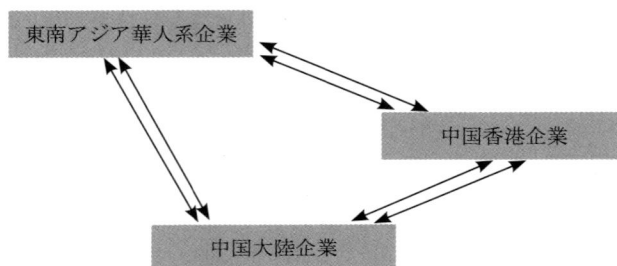

（出所）「日本経済新聞」1993 年 4 月 26 日をもとに作成

　1 位、7 位にランクされている。他方、香港側の李嘉誠？長江実業グループと華潤グループは、香港で 1、2 位の企業グループである。このようにアジアの代表的な六つの中国系華人資本が、香港中核企業の株式の相互持ち合いを通じて、つながっている訳である。日本の系列企業グループとどこか共通しているようにみえる。

　ここでの関心は、何故このような相互交流が行われるのか、その全容を解明するだけの資料や事例がないが、理由として考えられるのが、政治的な意味でも、経済的な意味でも、お互いに必要であるからである。中国人は事業を展開する場合にまず最初に考えることがある。人脈作りのことである。そこから出発し、経済的な要素を吟味して連携関係が成立するのである。東南アジアの華人資本にとっては、そういう提携を通じて香港側の持つアジアビジネス情報、あるいは中国政府とのパイプや情報への期待が主たる理由であろう。しかし、中国政府とのパイプという理由に限っていえば、香港以外の華人資本がそれを期待されるケースも少なくはない。

　香港はアジア最大の自由貿易港であり、金融センターであり、情報センターであり、無関税（一部品目を除く）で税金特に法人税が安い、政府は企業の経営活動を干渉しないなどビジネス環境が魅力的であることに華人資本の経営者が飛びつかない訳がない。単独であれ合弁であれ、東南アジア華人資本が、中国や他のアジア地域に投資する際に、香港が「中継基地」になっている。たとえば、シンガポールの華人資本の対中国投資は、半分が直接中国に向かい、残りの半分は香港の現地子会社を通じて行うといわれている。また 1992 年の資料であるが、マレーシア資本の対中直接投資は 1 億 7,000 万米ドルに対して、香港・マカオ経由が 5 億米ドルだとされる。もしこれが正確な数字であれば香港経由ルートはマレーシア直接ルートの 3 倍という計算になる。

　次いで個人投資のネットワークの事例として、ウィー・ホンリョンの興味深い例を紹介する。ウィーの事例は、華人資本の海外投資がどのような組織形態やルートで行われるかを示すだけでなく、通常、会社組織を通じてなされる海外投資で、この「公的組織」である上場企業がいかに最大限「私的」に活用されるかを示す。80 年代、ウィーはシンガポールを活動拠点にしていた。投資ルートは二つある。一つが上場企業であるユナイテッド・インダスとリアル・コーポレーション社、もう一つは同じくシンガポールに登記されている家族投資会社、チップリエン投資会社（株主はウィーと夫人の二人）である。ウィーの世界的な投機的投資は、大半はユナイテッド社を通じて行われたが、1990 年に日本の本州製紙の株式 3 分の 1 の買い取り権投資（総額 3,500 億円）は、香港の子会社を通じてなされた。他方、家族投資会社は香港の有力不動産会社の買収や、ウィーの個人事業として有名なバーム？オイル貿易を行っている。問題は、ウィーが世界市場での投資を、どのような基準でユナイテッド社と家族投資会社に振り分けたのかにあるが、それは部外者が知りようのない、またどちらのルートの取引額が大きいかも不明である。とはいえ、両者の境は明確に腺を引いているとは思えず、彼にとっては、どちらとも、ケースバイケースでいろんな会社を使い分けている。これは他の華人資本にも共通していえることで、華人資本投資の不透明さを

端的に示しているように思う。

　3、華人系企業の管理手法。ここでいう華人系企業は中国本土以外の華人資本が経営する企業のことを指している。家族企業がゆえにその企業組織が不透明だと思われているが、まずその特徴を整理しておきたい。

　1、所有権、支配権と家族の三者一体。華人企業が西側諸国企業一般に見られる職業化管理つまり支配権を社長以下管理職員に与えて所有権と分離させることをしない。所有権と支配権を統一させ、権力が財産に対する所有権から生まれるものと考え、オーナーは同時に企業の代表取締役、社長でもある。所有者がしっかり企業を支配している。それに合わせて家族的に管理する。家族構成員が企業の要職につき、通常家族の長がその企業の最高意志決定者になる。近年株式会社形態の企業集団も多く見られるようになったが、実態は依然として家族的な経営方式を維持している。組織構成、管理上かなり血縁関係、家族関係（11）を反映させている。意志決定機関が家族、親縁関係者で構成し、子会社の代表者も一般的には家族構成員が担当する。

　2、権威式管理。最高意志決定者は企業で主宰的な立場にいる。権力が高度集中している。最高幹部意向が経営方針、事業戦略などに反映するだけではなく、生産過程、製品の設計、販売戦略、仕入れのコントロール、研究開発など現場の仕事にまで反映している。最高幹部が各関係部門の責任者を通さずに直接生産、経営活動に関与する。部下に権限を持たせるのはあくまでも信用に基づくもので科学的な組織構成理論まるで縁がない。

　3、血縁関係のある人を起用する。最高意志決定者を中心に親族関係が近い程信用される。家族―親戚―同宗４―同郷―同窓―同僚へと距離が遠くなるにつれて信用度も減少していく。上海人オーナーが多い紡績企業の高級幹部はほとんど上海人一色なのはその典型である。

　4、内部の和を大事にし、団結と忍耐を強調する。家族でもいろいろな意見の相違や衝突が起こるのは人間であるが、2000年以上中国人を支配してきた「忠」、「孝」思想の影響、権威者の調停によって、一般的に家族内部の和が保たれている。特に外部に対してはその一致団結度が高い。一家の長による管理は実は一種の温厚管理でもある。雇い主が社員及び家族に責任を持

つと同時に社員及び家族も雇い主に忠誠を尽くす。

　5、信義を基礎に広い人脈的社会関係を通じて外部との関係を築いていく。華人企業の工商活動は西側諸国企業の法律と契約に基づいて行うのと違って、お互いの信頼関係に基づいて行う。信義は彼らの経営信条である。香港の李嘉誠、インドネシアの林紹良、マレーシアの郭鶴年などが、いずけれも信義を重んじることで有名である。

　6、特定分野を専門とし、企業組織は比較的簡単である。華人系企業は今アジアを中心に世界経済の中に有力な存在となっている。その成功は家族企業が生命力が旺盛であることを証明している。その長所はこういうところにある。ａ、応変能力の強さ。家族企業であるために、臨機応変的な経営が可能になる。事業戦略の方向転換がスムーズにでき、外部経営環境の変化に素早い反応できる。地球的規模の激しい競争社会においてこの長所は特に目立つ。ｂ、求心力の強さ。家族の長のもとに全員が共同意識が湧き、企業に対して忠誠心が強い。企業の為なら個人が犠牲なっても惜しまない点では、非家族企業の欠けている所でもある。ｃ、人間関係が良い。「和」を中心にする日本の企業文化は企業成功の一大秘宝である。同様に中国古来の儒家思想の影響で華人企業も人間関係の「和」を重視し、団結と忍耐を強調する。

　しかし、家族企業はあくまでも企業組織発展の初期段階であるため、その欠陥もはっきりと現している。特に後継者の養成問題や考え方の相違による企業内の派閥問題が共通している。また、高度な権力集中によって、中間管理職以下の積極性や創造性が損なわれ、企業の活力を低下させている。それから華人企業経営者は一般的に融資による経営を好まず、自分の資金だけに頼りすぎて、事業を拡大することができないでいる。

　家族式経営は企業の初期段階では有効に機能するが、欠陥も明白である。このため、華人系企業は段階的に西側企業の理性的管理方法を導入している。60年代から、李嘉誠が純東方的な家族化管理を回避すべく、外国人を大胆に起用し始めた。と同時に頻繁に欧米諸国を考察に回り、東西企業管理の精華を集中させようと努力を重なってきた。華人系企業の２代目からはほとんどの人が欧米諸国で大学の教育を受けている。彼らが西側企業の管理理論、

知識、経験を華人企業に取り入れている。

　中国の儒家思想、日本の武士道精神、欧米の先進技術が日本型企業管理を成功に導いたことは周知の通りである。それと同様に東西管理文化の有機的配合も華人企業の有効的な管理理論を形成していくであろう。「華南経済圏」の中で華人企業がこれまで中心的な役割を果たしてきたが、これからもその活躍を大いに期待したい。

第2節　中資企業

　1、香港中資企業の現状。一般に香港の中国系企業を中資企業と呼ばれているが、中国大陸資本が全額出資または経営の支配権を持って、香港を基盤とする企業を指している。大陸資本が参入していても、経営の支配権を持たない企業は、通常「中資参股企業」と呼ばれている。「中資」は香港において「華資」、「英資」に次いで第3位の資本である。中資企業の香港における経営活動は1940 － 50年代に始まり、1978年以前に、華潤、中銀、招商、中旅を中心とした中資企業が中国対外経済の貿易、金融、航運と観光などをサポートする体制を既に築いていた。1978年末以来、中国の「改革？開放」政策のもと、各省、市政府が相次いで香港に代表機関を設立し、中資企業が大きく発展した。

　中国と香港との間の経済的相互依存が急速に進行する中、香港の貿易は北米中心からアジア中心の構造に変化している。しかもその中で中国は輸出入ともに最大の相手となった。香港企業の大陸進出ばかりが目立っているが、中港経済関係は香港企業のアクティブな中国進出によって推進されているばかりではない。投資に関しても、香港と中国は相互に首位を誇っている。中国系企業いわゆる中資企業が香港に進出し、そこで社会主義企業のイメージを一新するかのように積極的に企業への資本参加、合弁企業の設立、企業買収を行っている。金融業、不動産業、航空産業、貿易業からテパートや石油の小売業まであらゆる分野に進出している。香港に拠点を置いている中国企業が多く、香港でのビジネスチャンスを逃すまいと中国企業の香港進出熱が

依然として高まっている。

　香港に対する中資企業の投資総額は香港中国企業協会の統計では、1995年6月末までに中国系資本の香港に対する投資は250億米ドルに達している（12）。一方、香港総商会の推定では、400億米ドルともいわれているが、この推定はおそらく香港に登録ないしは香港株式市場に上場する中国企業の株式時価額、資産と中国大陸の香港不動産市場に投入する資本を計算に入れていると思うが、中国企業の海外投資は80％が香港に集中していると中国対外経済貿易合作部が推測している。

　香港にある中国系企業の総数に関しては、一説では約2,000社が香港への進出を果たしている（13）が、中国政府の統計では、1995年末までに香港で活動する中国企業は1,756社であり、総資産は425億米ドルで、うち半分は中国銀行が所有している。香港株式市場時価総額の中では、中国資本傘下の上場企業は4.5％を占めている。現在上場している中国資本傘下の企業は60社あり、時価総額が200億米ドルに達している。中国資本の香港に対する投資は増加傾向にあり、中国政府の統計では、1989年から1995年の間に、政府が認可した中国企業の対香港投資は1.5倍に増えた。1994年に中国の経済緊縮政策の影響で投資は少なかったが、香港金融管理局が香港から大陸に資金を還流する現象が見られなかったとしている。

　中資企業の投資は以下の分野に集中している。まず製造業には440億香港ドルの資金が投入されている。主にハイテク産業、タバコ産業、紡績およびアパレル産業である。次ぎに貿易業には、中資企業が行っている業務は香港輸出入貿易総額の25％を占めている。不動産業には、中資企業が60年代から参入している。80年代に大規模な不動産投資をしたものの、自用中心であるため、その比重が高くないとされていたが、中国企業が香港の商業用ビルの三分の一を所有しており、投資総額は200億米ドルを超えている。1994年に香港不動産取引の中に、少なくとも30％は中国企業と関係がある。1995年に中国の緊縮政策の影響でその比率が15％に低減したが、不動産市場における中資企業の動きが活発であることに変わりがない。多くの中資企業はペーパーカンパニーを使って、物件の売買を行っている。また、銀行な

ど金融業では、中資銀行の資産総額は香港銀行の資産総額の 10％を占めている。うち香港ドル資産は全体の 21％を占めている。1995 年末までの中資銀行の預金残高は香港銀行全体の 25％を占め、融資残高は同 8％を占めている。中国銀行は香港最大の中資銀行である。そのほかに、中国工商銀行、中国建設銀行、中国農業銀行の 3 行が既に銀行免許を取得し、1995 年 10 月に香港支店を設立している。保険業では、中資企業が獲得した保険料収入は全体の 21％に達している。

　香港に於ける中資企業の代表として次のような会社がある。華潤集団グループ（中国対外経済貿易部（当時）の香港代表機関）(14)、中国銀行（15）グループ（中国銀行香港支店）、招商局（16）グループ（中国交通省の香港代表機関）、中旅グループ、光大グループ、中信（ＣＩＴＳの香港現地法人）グループ、奥海（広東省の香港出先機関）グループ、中建（中国建築工程総公司の香港現地法人）グループ、首鋼グループ（首都鋼鉄公司の香港現地法人）などがいずれも大手で、実力の強い企業であり、中資企業は華人系企業、英国系企業に次いで香港第 3 位の資本を持つ企業体である。

　その中でも、華潤グループは香港に子会社 150 社、業務代理 400 社、業務提携 4，000 社を擁し、貿易、海運、倉庫、小売りなど多角的に事業を展開している。1990 年の売上額は 500 億香港ドルで、香港で第 1 位を誇り、その後の 1993 年も売上額が 600 億香港ドルに達し、年間売上最多企業の一つとなった。華潤グループはそのほかに中国本土にも 300 以上の項目に投資している。小売り市場においては長年の努力で巨大なネットを築いた。貿易額も香港全体の 13％を占めると言われている。また、中国国務院直属の中国国際投資信託公司（ＣＩＴＩＣ）の香港現地法人である中信グループの中核企業である中信泰富有限公司は 1980 年に設立、その後 1987 年に持ち株会社に改組され、持ち株比率は国泰（キャセイ）航空の 13％、港龍航空の 38％、香港テレコムの 20％、アジア衛星の 33％、第 2 海底トンネルの 20％に及ぶ巨大企業である。保険業では、中資企業の保険金市場占有率が 22％、対外貿易総額の中で、中資企業は 22％を占めている。海運、倉庫業では、招商局、華潤、中旅、珠江船務を中心に 80 年代の発展を経て、相当規模の船隊を持

っている。1994 年に中資企業が行った海運業務は全体の 25％を占め、船隊の総積載量が 1.000 トンを越えた。旅行業の中で目立っているのは中旅グループである。香港には有免許旅行社が約 1.000 社ある。中資系が約 100 社でありながら、上位 20 社のうち、中資系が 9 社入っている。香港市民の中国本土への旅行の 50％の業務を中資系旅行社が行っている。建設業では中資 10 社で 12％のシェアを占めている。その他に製造業、出版業も一定のシェアを占めている。

1992 年以降、中国企業が上場企業の買収や直接上場を通じて香港株式市場に参入、「中国因素」が香港株式市場で影響力を強めた。特にレッドチップ（中国名：紅籌股（17））と呼ばれる銘柄が株式市場で人気を呼んでいる。1995 年 4 月 7 日大引けの株価で計算すると香港株式市場での「紅籌股」会社と中国国有企業 H 株会社は計 61 社あり、時価総額 934 億香港ドル、その日の市場時価総額の 4.3％を占めている。中信グループ傘下の中信泰富社が時価総額 300 億香港ドルの大型銘柄になっている。奥海グループ傘下の奥海投資も時価総額 100 億香港ドルでハンセン指数銘柄の中に入っている。

　2、中資企業の経営戦略。香港は自由貿易地域であり、世界各地の資本、企業が香港で自由に経済活動を行うことができる。資本が自由に出入りできるため、国際金融資本の投機活動も盛んに行われている。この経営環境のなかで、企業は発展の機会が多い一方、リスクも大きいのである。社会主義体制下の国有企業を出身母体とする中資企業が果たして、どのような経営手法で経営活動を行っているのかという問題が出てくる。ここにまず中信グループ傘下の中泰富の恒昌行公司買収と珠江船務（集団）有限公司の経営活動のケースをみてみることにしよう。

中信泰富の親会社は中国国際信託投資（香港集団）有限公司である。1983 年香港に設立した当初は主に不動産、航運、製造業に対する投資活動展開したが、1990 年に香港株式市場に上場する泰富発展公司 49％の株式を購入、同社を買収して、社名を中信泰富に変更した。中信グループ傘下に入ってからの中信泰富がまず港龍航空（ドラゴン航空）46％の株式を購入、その他多くの不動産物件、国泰（キャセイ）航空 12.5％、澳門電迅（マカオテレコ

ム）20％の株式を購入した。1991 年 9 月、中信泰富は李嘉誠、郭鶴年らと共同企業体を設立し、恒昌行公司（大昌貿易行）を買収した。うち中信泰富が 36％、25 億香港ドルを出資した。この資金を調達するため、中信泰富が 12.9 億株の新株を 1 株 1.55 香港ドルで発行するほか、5 億香港ドルの転換社債を年利 6％で発行した。この転換社債は購入者は 1994 年 8 月に 1 株 1.55 香港ドルで合計 3.22 億の中信泰富株を購入できるものである。恒昌行公司を買収してすぐ、中信泰富が中環（セントラル地区）恒昌ビルを 9.072 億香港ドルで売却するなど合計 11.31 億香港ドルの資金を回収した。この資金は主として中信泰富が 1990 年度にあげた純利益 10.33 億香港ドルに伴う配当（1 株 160 香港ドル）に回された。1992 年 1 月、中信泰富が 1 株 230 香港ドルで恒昌行公司の全面買収を実行した。買収を完了後の中信泰富は恒昌行公司 97.12％の株式保有するようになった。買収に際して、中信泰富が自社株をそれまでの 4 株を 1 株にし、株式市場に 1 株 8.8 香港ドル（旧株価は 1 株 2.2 香港ドル）で 2.92 億株を発行し、25.7 億香港ドルを調達した。36％の恒昌行公司株の配当を併せて全面買収の資金を賄ったのである。1992 年に中信泰富がハンセン指数銘柄に採用され、1993 年 1 月、中信泰富が中信（香港集団）有限公司から香港電迅（香港テレコム）12％の株式、化学廃棄物処理工場の 20％権益、中国国内にある二つの発電所を購入した。この買収の資金は新株発行という形で 70 億香港ドルを調達して賄った。これが香港株式市場の資金調達最高記録を更新したものである。したがって、新株発行後、中信（香港集団）の中信泰富に対する持ち株率が 49％から 46％に低下した。

　1990 年 2 月に中信（香港集団）有限公司が中信泰富を買収して以来、わずか 3 年間で、中信泰富の時価総額は 10 億から 300 億香港ドル急増した。時価総額では香港上場企業のなかで 17 位になり、中国国際信託投資公司の香港における中核企業に成長を遂げたのである。これは中信グループが優良資産を中信泰富に組み入れることによって、香港の資本市場としての機能を十分活用した成功例である。自身が成長するとともに、恒昌行公司を購入時の株価が 1 株 330 香港ドルで、買収後の恒昌行公司資産売却益で恒昌行公司株に対して 1 株 160 香港ドルの配当をし、買収価格の 330 香港ドルを事実上

170 に下げ、さらに 230 香港ドルで、買収時のパートナーである李嘉誠、郭鶴年、鄭裕彤、百富勤グループ、栄智健などに利益をもたらした。その成功の要因まとめる以下の 4 点にある。まず、2 段階の買収戦略である。これが恒昌行公司側の抵抗心理和らげると同時に資金的にも余裕ができる。次にタイミングが良かったことである。恒昌行公司創業者である何善衡氏が比較的割安な価格で買収に応じたのはほかならぬ 1997 年に香港が中国に返還されることへの不安があった。その時期に 70 億香港ドルで企業を買収する人はいないのである。第 3 に中信（香港集団）有限公司は光大実業同様、中国政府の香港における多角化投資の重要企業である。しかもその総帥である栄智健氏は中国屈指の赤い資本家であり、中国国家副主席でもある栄毅仁氏の長男であることは英系資本、華人資本から特別な配慮があったことも事実である。たとえば、中信（香港集団）有限公司が英系資本の国泰航空株、香港電迅株を比較的安く購入できたことはそれを物語っている。無論中信グループは中国国務院直属の企業であることをここに付言しておきたい。最後に中信グループには、中資銀行の全面支持と企業買収に精通した人材がいることである。中信グループの企業経営活動の行動様式が従来堅実でありながら、強気で大胆である。これは親方五星紅旗企業という側面も確かにあるが、優れた人材を数多く企業内にいることは事実である。特に香港勤務の社員はまぎれもなく選ばれた実務能力の高いエリート集団である。

　珠江船務（集団）有限公司は珠江デルタ地域最大の運輸企業グループである。現在香港に 14 社の全額出資企業と上場企業（珠江船務発展公司）1 社、資本参加企業 30 社を擁している。ほぼ広東省と香港間の水路乗客、貨物運送業務を独占しており、広東省、香港地域水路運輸業最大のグループでもある。1962 年に設立されたが、その前身は広東省航務管理局である。設立当初は広東、広西及び福建 3 省の航運船舶業務代理していたが、経営業績はそれほど良くはなかった。

　1979 年に中国が「改革・開放」政策を実施して以来、船舶代理業務以外に、多角化経営を進め、乗客、貨物輸送、港湾、倉庫、船舶修理、高速道路などに積極的に参入した結果、業績が好転し、資産が急増した。この企業グ

ループは根拠を持って経営戦略を建て、実行する堅実企業である。その根拠は（1）珠江デルタ地域には高い経済成長を期待できることである。（2）香港と珠江デルタ地域間の資本、労働力その他の経済的交流が激しくなる。（3）香港と珠江デルタ地域にある製造業対するサービスが増加する。これが水路運送業のチャンスだと認識し、一貫して水路輸送を主要業務とし、投資もその関連分野に限定して、広東省、香港に集中する地場型企業であるが、1997年5月23日に珠江船務発展公司が1株1.2香港ドルで1.87億株を発行し、公募倍率480倍という形で香港聯合交易所に上場を果たした。

　中資企業には中信泰富のような攻撃的な経営を行う企業がある一方、珠江船務のような地場型企業がある。中資企業の主要経営戦略は大別して以下の4点にまとめることができる。

　第1は株式に対する支配権である。株式の支配権は上場企業の経営権を支配するもっとも強力かつ有効な手段である。株主総会は企業の最高権力機関であり、取締役会が企業の業務執行機関である。しかも、株主総会での表決権は株式の所有数に基づいて決定されるため、株式を多く所有する株主が、そのまま取締役会に多くの取締役を送り込める。したがって、取締役会で企業の決定に影響力を行使し、企業の経営活動に直接自分の意志を反映させることができる。中資企業は通常四つの方法で上場企業の株式支配権を獲得している。

　（1）過半数の株式を取得する。この方法では、完全に企業の経営を支配できると同時に、他の資本の自社への敵意買収を防げる。過半数の株式を持っていれば、他人が当上場企業の株式を全体の過半数以上購入することありえない。多くの中資企業はこの方法を取っている。たとえば、中国建築総公司が中国海外発展社の75％、招商局グループは海虹集団の75％、華潤グループは華潤創業の51％、越秀グループは越秀投資公司の67.5％、北京四通公司は香港四通公司の58％の株式を保有している。

　（2）筆頭株主になる。規模が大きく、株主も多くそれぞれが独立する上場企業の場合は、過半数の株式を取得すること自体莫大な資金が必要とすることはいうまでもないが、株主が分散しているだけに、経営の支配権を獲得す

るのに必ずしも過半数の株式支配権を持つ必要がない。筆頭株主になれば、経営の支配権を獲得できる。たとえば、香港電灯の場合、株主総数が 47,000 人である。李嘉誠氏がわずか7％の株式を持つことで、董事局（取締役会）に入り、董事局主席（代表取締役）に就任している。通常、上場企業の35％以上の株式を保有することは合理的な選択といえる。というのは、上場企業に対して支配権を行使するためには、35％以上の株式を所有することが条件とされる。しかも、「香港公司収購与合併守則」（香港会社買収と合併規則）の規定では、購入者が上場企業35％の株式を所有した場合、全面購入をしなければならない。従って、株式の購入価格は過去6カ月に同購入者が出した最高価格を下回ってはならない。購入する側にとっては明らかに不利である。中資企業の中に、この方法で上場企業を支配している企業も数多くある。たとえば、中信グループが中信泰富公司の43％、奥海企業グループが奥海投資公司の 44.6％、招商局グループが友聯銀行の 35.8％をそれぞれ保有している。

　（3）間接支配である。自社または支配する上場企業を通じて他の上場企業への支配権を獲得する。上海万国証券公司が香港王集団公司の支配権を獲得したのはこの方法である。上海万国証券公司は18％の同社株式を所有することによって、香港王集団公司を支配下におき、現在、上海万国（香港）集団公司に社名変更している。

　（4）株式の持ち合いである。日本企業の株式持ち合いが企業経営において経営者不在など様々な問題を指摘されているが、これは日本特有なものではない、たとえば、英系資本の凱瑟克ファミリーは10億香港ドルの資本で怡和有限公司、香港怡和戦略有限公司、香港牛乳公司、香港文化東方公司、香港置地有限公司など大企業の株式支配を持っている。凱瑟克ファミリーの支配下上場企業の株式時価総額は 250 億香港ドルを超えている。企業の株式の相互持ち合いによって、各企業に対する株式支配率がほぼ35％以上を超えている。中資企業の中には、この方法を取っている企業がまだ少数であるが、敵意買収の防止とリスク回避に有効だという考えはかなり中資企業に浸透している。将来的にはそういうケースが増えてくることが考えられる。

　第2に、信用主義である。香港で成功している中資企業に共通する特徴は、企業イメージが良好である。中信グループが株式を発行するときに、二つの原則がある。1株あたりの純利益を低くしないことと大小に問わずすべての株主に利益があることである。中信グループが3年間の間に4回株式を発行して、140億香港ドルの資金を調達したが、その株が市場で依然人気銘柄として歓迎されている。首鋼グループが1992年10月に香港東栄公司を買収して以来、香港聯合交易所の規定に厳格に守って香港での経営活動を行っている。その結果、株主、投資家から信用され、順調な事業活動を展開している。既に香港で5社の上場企業を傘下に持ち、資産総額が50億香港ドルに達している。1992年11月の株価暴落以降、「中国概念股」と呼ばれる中国関連銘柄の株価が逆に上昇し続けた。当然これは中国経済に対する投資家の自信という面があるが、中資企業の良好な企業イメージが作用していることは否めない。

　第3に、利益への追求である。香港の中資企業は全体的に企業業績がよく、これはいろんな要素があっての結果であるが、経営の成功が大きな要因である。中国建築総公司傘下の中国海外発展公司は1991年の純利益が2.13億香港ドルで、前年比46.9％も増加した。1992年の純利益が4.14億香港ドルで、前年比なんと94％の増加を記録した。中信グループ傘下にある中信泰富公司の1990年時点での純利益が1.35億香港ドル、資産11億香港ドルであるが、1991年に純利益3.3億香港ドル、資産60億香港ドル、1992年にいたっては、純利益10.4億香港ドル、資産334億香港ドルになり、3年間で、中信泰富公司は純利益で7.7倍、資産総額では30倍に増えた計算になる。広東奥海グループ傘下の奥海投資公司は1992年の売上が10.39億香港ドル、純利益1.6億香港ドルで、それぞれ前年比で13倍、11倍の成長である。広州越秀グループ傘下の越秀投資公司は1992年の売上が5.23億香港ドル、税後利益が2.18億香港ドルで、前年比それぞれ60.9％、5.1倍の増加である。招商局傘下の友聯銀行は1992年の税後利益が前年比36.64％、中信傘下の嘉華銀行は1992年の利益が前年比42.9％の増加を見せた。

　中資企業には、中国国内の国有大企業が多く、香港での企業活動が基本的

に国内業務延長型である。たとえば、首鋼グループの東栄鋼鉄有限公司買収は首鋼グループの鋼鉄分野での優位性を生かすものである。中国建築総公司傘下の中国海外発展公司の主要業務は不動産事業で、親会社の建築分野での優位性を生かせる。ものである。中国石油天然ガス総公司は石油分野で優位性がある。そのために石油採掘業務を得意とするＰＡＲＡＧＯＮ公司を買収した。中信グループは金融分野での経営力を生かし、香港での事業が資金の融通、市場開拓、会社管理分野を中心に展開している。

　第４に、商機を逃さないことである。中資企業の香港での投資に限らず、すべての企業の経営活動にいえることであるが、投資対象は勿論重要であるが、タイミング、商機の把握が時としては成敗を分けることが多いのはいうまでもない。中信グループが香港電迅（香港テレコム）を買収する際に、２年間の調査に基づいた投資決定が国内の政府所管機関が香港電迅20％の株式買収を反対し、10％を買収するよう指示されたが、これはチャンスだと確信する中信グループが国内のバックアップ（融資への保証）を失ったにもかかわらず、買収を強行し、香港株式市場上場企業の中で時価総額ＮＯ，１（690億香港ドル）企業の２大株主になった。この買収が「国際金融評論」、「亜州金融」の1990年のベスト投資に選ばれた。また、中信グループの嘉華銀行、恒昌行公司に対する買収もタイミングよく、比較的少ない投資で高収益を実現した例である。香港は自由港であり、世界各地の資本がここを自由に出入りできるが、経済活動が外部の影響を強く受ける面がある。このような経営環境に事業展開する企業にとって、商機を見分け、把握することがは大事である。1993年7月に香港不動産市場の低迷期に、中国海外発展公司が多くの物件を購入した。これは投機ではあるが、企業に莫大な利益をもたらした。

　香港は既に中国に返還された現在、中資企業の香港、「華南経済圏」における地位が重要性を増している。「華南経済圏」のなかでの中資企業の役割が大きく期待されている。今は中資企業が大きく発展する時期でもある。しかし、中資企業にとって、解決しなければならない課題も数多く残っている。

　まず、経営戦略の課題として異業種への参入、拡大によって多角化、総合化経営を目指すのか、得意分野に特化した専門化経営を目指すのかという選

択の問題かある。多角化経営は企業に利益獲得手段の増加という有利な面を
もたらすが、経営資源の分散という不利な面も同時に生まれてくる。各企業
の歴史、背景および得意分野がそれぞれ違う。過度に多角化を強調すると、
企業の特色を失う危険性がある。中国政府が現在推進している国有企業の再
編成に影響されている訳ではないと思うが、中資企業のなかにも多角化への
こだわりを持つ企業は少なくない。投資家が中資企業に投資する際に重視す
るのは、企業の特定分野での優位性のケースが多々ある。

　次に、政府と企業の関係がどうあるべきなのかという課題である。中資企
業の経営は中国政府の政策と支援無しでは語ることができない。国際化の時
代に現在の体質のままで通用することはとても思えない。

　さらに、中資企業は本来海外市場の開拓が一大目的であり、中国と外国の
との間の窓口、橋梁としての役割を期待されている。しかし現状では、大手
企業も含めて相当数の中資企業の経営活動が、香港から出ていない。逆に中
国本土に外資企業として大量の投資を行っている。

　これらはほんの一例であり、問題提起にすぎないが、中国経済の市場化を
推進するためにも、中資企業の模範的な役割が必要である。そのためにも、
中資企業自身が企業改革を早急に取り組まなければならない。

　「華南経済圏」の中で現在中国系企業が大陸以外に企業活動を行っている
のはまだ香港が中心になっている。台湾では政治上のことで直接企業活動が
できないが、第三章で記述したように台湾経済部の投資審議委員会が 1996
年 7 月に香港テレコム（中信泰富が 12％の株式を保有）社による国民党の
党営企業である台湾電信網サービス有限公司への資本参加を認可した。金融
面では、今年 10 月に香港東亜銀行（中国資本 11.8％）の台湾支店開設を正
式に認可した。航空業界では特例として 1996 年 6 月 13 日に香港〜台湾間路
線に関する新航空協定で中資企業が大株主である港龍航空（ドラゴン航空）
の参入を認めた。また、1995 年 12 月にマカオ―台湾路線に就航したマカオ
航空も中国系資本 51％の中資企業である。政治的な問題よりも、経済活動
が先行されることは中台関係においては定着化しているようにみえる。

第3節　英国系企業

　1842 年にイギリスが香港を占領以来、英国系資本が植民地支配の特権を背景に香港経済の中に独占ないしは支配的な地位にあった。一時は中国本土まで勢力を延ばしたが、1949 年の中華人民共和国成立により、香港に引いた経緯がある。1960 年代後半から 70 年代後半にかけて、中国では「文化大革命」が起こり、英系資本がこの「借地」である香港に不安が生まれ、大量の資本を海外に移転した。これは華人資本に発展する空間を与えることなり、華人資本が 70 年代末から 80 年代中ごろまでに、英系資本のグループ、企業を次々買収、支配するようになり、英系資本の香港経済における地位が落ち、一部の業種、たとえば不動産業では、華人資本が英系資本の独占体制を崩し、主役となった。90 年代に入ってからの英系資本は基本的に 2 種類に分けられる。一つは伝統的な英国系グループで、渝豊　股（香港上海銀行）グループ、怡和グループ、太古グループ、嘉道理グループおよび香港電迅グループの 5大グループが中心である。5 大グループが香港株式市場上場企業である香港上海銀行、恒生銀行、怡和　股、怡和策略、怡和国際汽車、置地、牛乳国際、文華東方、太古洋行、国泰航空、港機工程、中華電力、大酒店、太平地毯、香港電迅の計 15 社を傘下に置いている。この 15 社の 1993 年末時点の時価総額は 9，574.2 億香港ドルで、香港株式市場全銘柄の時価総額の 31.6％を占めている。二つ目は渣打銀行（チャータッド・バンク）、英之傑太平洋、英美灯草公司、馬莎百貨など英国色の強いグループと比較的歴史の短いグループである。70 － 80 年代以来、英系資本の香港経済における地位が相対的に下降したが、依然として主導的な役割を果しているといえる。英系資本の業務は主として金融業、公共事業、不動産業、卸、小売業、ホテルなどサービス業に集中しており、特に金融業においては香港？上海銀行は香港最大の金融グループで、世界 10 大銀行の一つでもある。中国銀行、渣打銀行とともに香港の発券銀行でもある。香港銀行公会の永久委員行 3 行のうちの 1

行である。公共事業では、英系が香港の電迅、航空と電力部門をほぼ独占しており、卸小売業では、英系資本が長期に渡って、巨大な販売ネットワークを築いており、強い基盤を持っている。

　英国系企業の香港での投資が総額3,000億香港ドルで、米ドルに換算すると約400億米ドルである。金融、保険、不動産、通信、交通、公共事業、製造業と観光業ほぼすべての産業において重要な地位に位置している。香港の返還に伴って英国系企業の一部に動揺や不安が見られるが、果たしてその不安が香港から撤退することにつながるのか、英国系企業の中でも香港経済の中で重要な位置にある香港？上海銀行を例に英国系企業と香港経済発展の関係、今後の動向を検証していく。

　香港？上海銀行は香港経済の中で特殊な地位にあり、香港経済に対する影響が非常に大きい。ある意味では、中国返還後の香港にとって、長期的な繁栄と安定を維持できるどうかは香港上海銀行の香港に対する態度、戦略にかかっているといっても過言ではない。

　香港？上海銀行は130年の歴史を持つ国際的な金融グループであり、金融全般の業務を扱っており、1995末までの総資産は3,516億米ドルにのぼり、世界中に3,000を超える業務拠点を持ち、従業員10万人以上を雇用しており、1995年末までの統計では、香港上海銀行の自己資本が214.45億米ドルで、完税前利益が56.92億米ドルで、世界第1位になった。

　香港上海銀行は香港最初の地場銀行、設立当時から香港政庁と密接な関係2あり、私営商業銀行でありながら事実上大部分の香港中央銀行としての役割を果たしている。「準中央銀行」という特殊な地位にある。それは以下の点に現れている。

　第1に、発券銀行である。香港は世界で私営商業銀行が紙幣を発券する数少ない地域である。香港上海銀行は香港でずっと主要発券銀行の地位にあり、中国銀行が1994年から発券業務に参入してからも、香港上海銀行の発券量は依然として80％以上を占めている。紙幣の発券権は銀行の信用をアップする効果があり、香港？上海銀行の穏健経営が香港市民に評価され、その信頼度が高い。

　第2に、主要往来銀行である。香港政庁の香港・上海銀行における貯金が政庁そう貯金額の半分以上を占めている。それが香港・上海銀行の経営基盤を強固、安定なものにし、また香港上海銀行は政庁の主要金融政策諮問機関でもあり、香港銀行公会（日本の全銀協に当たる）の会長行であり、執行委員会3社のメンバーであり、そのほか、銀行委員会、外貨基金諮問委員会の委員である。しかも、香港が中国に返還されるまえには香港・上海銀行の会長は香港政庁行政局の議員でもあった。これは香港・上海銀行が政府の金融政策などを事前に知る立場にあることを意味している。金融政策の制定にも直接参加していることは他行との競争面においても自分の優位を確立するに有利といえる。

　第3に、最終決済銀行である。1988年まで、香港上海銀行にすべての銀行が口座を開設しなければならない。決済後の残額について香港上海銀行は利子を支払う必要がない、しかし、残高が不足する場合には利子を徴収する仕組みになっている。他行の業務内容を把握できるだけでなく、常に無利子の貯金があるということでもある。

　第4に、各銀行に貸出業務を行っている。1988年まで、香港上海銀行は政庁の委託を受けて、貸出業務を行っていた。主要業務はふたつある。一つは一般銀行への支援で、もう一つは同業者に対して短期融資を行う。

　1984年に中英共同声明が発表されて以来、香港上海銀行は返還への考慮と業務の国際化を進める一連の対応策を講じてきた。主に二つある。一つは「準中央銀行」のイメージをできるだけ薄めることである。この特殊地位が香港上海銀行の成長にかなり寄与したが、近年、これが香港上海銀行の国際化戦略に支障をもたらすようになった。その為、香港政庁の支持、協力のもと、香港・上海銀行は80年代の半ば頃から、一連の措置でその「準中央銀行」イメージ払拭にほぼ成功している。1988年7月、香港政庁金融事務課と香港上海銀行が「新会計安排」について合意に達した。これによって、香港上海銀行の同業市場における流動資金の最終提供行の役割が外貨準備基金にとって変わられ、利子収入を独占する特権も外貨準備基金に委譲することになった。「準中央銀行」の地位が弱まりつつあった。

　1989 年 9 月、香港上海銀行が「香港上海銀行条例」を改正し、「香港公司条例」に基づく会社登記することができるようになった。歴史上の原因で、香港上海銀行は香港政庁の「香港上海銀行条例」に基づいて登記しており、「香港公司条例」の制約を受けなかった。これは一種の特権であると同時に業務上制約もあった。だから、香港・上海銀行はあえてその特権を自ら放棄し、業務の国際化を進める道を選んだのである。

　1992 年に政庁が金融管理局を新設し、ほとんどの中央銀行機能を持たせた。

　1995 年 10 月、政庁が 1996 年の 9 月から、金融管理局の即時支払、決済システムが香港上海銀行が行ってきた決済業務を変わりに行うと発表した。

　もう一つは、業務の国際化戦略である。過去に香港上海銀行は上海、ロンドン、サンフランシスコなどに支店を開設し、または提携銀行を作ったことがあるが、長期にわたって香港に業務を集中していた。80 年代に入ってから、国際的な金融国際化の流れの中、香港・上海銀行がその国際化戦略を着実に実行に移っている。まず 80 年代初頭、香港・上海銀行が米国で銀行の買収工作を初め、984 年には、カナダでカナダ香港・上海銀行を設立、1986 同行がコロンビア銀行を買収し、どう銀行のカナダにおける業務をすべて受け継いだことによって、カナダで最大の外資系銀行となった。

　香港上海銀行のヨーロッパにおける買収戦略は主に英国内で行われた。しかし、1987 年に成立した「英国銀行条例」の規定では、イングランド銀行が英国銀行の株式を 15％以上購入する外資銀行の買収活動を阻止できる。英国では、香港上海銀行は外資銀行になる為、4 大銀行の一つであるＭＩＤＬＡＮＤ銀行の 14.9％の株式を 3 憶 8，300 万ボンドで購入した後に、1990 年 12 月に英国で持ち株会社を設立し、香港上海銀行をその傘下の子会社にし、ミッドラン銀行の残り株を取得し、ヨーロッパでの業務展開に拠点を獲得した。そして、1993 年香港上海銀行が本部を香港からロンドンに移したのである。

　香港上海銀行は戦後香港経済の混乱期において、当時虚弱であった香港経済を安定させるため、日本占領時代に香港上海銀行の名義で発券した紙幣を

回収、社会の一層の混乱を回避させた。50年代の香港経済発展初期において多くの中国人創業者が香港上海銀行の支援を受けた。また、台中禁輸措置の為、香港の再輸出貿易が中断され、製造業の発展が急務となったとき、香港上海銀行が融資条件を緩和し、香港経済の構造転換に大きく貢献した。

　香港上海銀行は香港政庁の委託を受け、同業銀行に対する最終融資業務を担っており、1965年と1987年に金融危機が起きたときに、政庁に協力し、中国銀行など大手金融機関と連携して、危機を解決するなど「準中央銀行」の役目を果たしてきた。また、香港上海銀行は常に銀行業務の近代化をリードしてきた。新サービスの開発や最新技術を率先して導入するなど、香港の金融センターとして地位を確立する過程においても、金融界を牽引してきた。

　香港上海銀行は特に産業界での信用度が高い。60年代に、英国の利益を守る一方、華人資本にも積極的に支持してきた。1962にサントス会長が就任以降、華人資本を支持する姿勢を明確にし、包玉剛が一番最初の受益者であった。彼が九竜倉と会徳豊の二度の企業買収において香港上海銀行から資金提供などの支持を受け、その後、香港・上海銀行初のアジア系取締役にも就任した。李嘉誠の長江実業も和記黄浦を買収する際に香港上海銀行から低価格で和記黄浦の株式を譲り受け、資金提供も受けた。その後、李嘉誠が香港・上海銀行の個人筆頭株主となり、董事局の副主席に就任した。

　香港上海銀行が本部をロンドンに移したが、100年以上も香港で経営してきただけに、中国の事情を熟知している。それに香港・上海銀行の経営基盤が香港にあり、利益のほとんどが香港であげたものであり、国際化は危険分散の手段の一つであり、大した利益が期待できるはずがない、香港を放棄することは当然考えられないが、今後の動向としては、中国大陸の業務発展に重点が置かれるであろう。事実香港・上海銀行は1978年から中国部を設立し、1980年に北京で事務所を設置した。現在上海、天津、青島、深圳、北京、大連各地に銀行6つ、駐在員事務所四つ、しかも、香港上海銀行は中国政府が認可した外資銀行の第1号であり、香港上海銀行執行取締役の鄭海泉氏が「香港上海銀行の業務方針は香港を基盤に、中国を中心に、どこまでも中国が外資銀行に開放するだけ、われわれは中国の中に入っていく。」という。

　全体的に見れば、一部には、撤退の動きもあるが、それはあくまでも業務の一部撤退であり、むしろ危険分散の意味あいが大である。英国系企業がいままで築いてきた事業基盤を放棄することはないのである。

補　論

　「華南経済圏」では華人企業、英国系企業、中資企業など世界各国の多国
籍企業が経済活動を行っている。それが故に香港返還問題にみたように、こ
の地域には、様々な政治的、経済的利害関係が交錯している。香港ないし「華
南経済圏」を取り巻く政治環境、経済環境はこの地域の国際性を反映して、
実にグローバルである。中国以外に、日米欧諸国特に日本、米国、英国は香
港ないし「華南経済圏」に大きな政治的、経済的影響力を持っているという
ことは、「華南経済圏」の将来を展望するに当たって、政治的な要素を十分
考慮に入れなくてはならないと思うと同時に「華南経済圏」の将来が政治に
左右されないように願っている。

　1997年3月、アメリカ議会で「香港返還法案」が可決されたが、この法
案の主旨は、香港が中国に返還された後に、もし高度な自治と自主権が失わ
れ、アメリカの政治的、経済的利益が損なわれた場合に、アメリカが相応の
制裁措置を採ることができるというものである。香港製の紡績製品、玩具
および電子製品のアメリカへの輸入を禁止し、香港に対するこれまでのアメ
リカの基本政策を見直すなどが具体的な内容となっている。香港返還の過程
において、アメリカ政府、議会が香港問題に強い関心を示してきた。数多く
の声明や議案が発表されている。アメリカはなぜこれほど香港問題に関心を
持つのかという疑問が出てくるが、ほかならぬ、アメリカ自身の利益に関わ
っているからである。政治的には、香港返還によって、イギリスが香港から
撤退したあとの位置を自ら埋めたいという思惑がある。経済的には、香港は

アメリカにとって貿易総額が 240 億米ドルを超えている第 13 位の貿易相手国であり、アメリカの香港に対する輸出は年間 140 億米ドルに達している。しかも香港との貿易はアメリカが黒字である。また米系企業の 1985 年時点の香港に対する投資累計額は 33 億米ドルであったが、その後 1990 年には 65.37 億米ドルに増加している。さらに、1996 年には 138 億米ドルを超えた。香港には米系企業が 1,200 社あり、500 社以上のアメリカ多国籍企業が香港に地域本部を置いている。米系銀行が香港に 500 億米ドル以上の資産を保有している。香港との経済関係がアメリカ企業に巨額の利益をもたらすと同時に、何十万人のアメリカ人に職を提供している。

　日本にとっての香港はアジアで事業を展開する際の拠点であり、投資の重点地域でもある。大蔵省の資料によると、1980 年代日本の対香港直接投資は 71.45 億米ドルで、同時期の対アジア直接投資の 22.4％を占めている。1992 年までの対香港直接投資は 120 億米ドルを超えている。日系銀行は香港では最大の外国銀行であり、製造業では、日系資本が 1990 年時点で製造業に 97.52 億香港ドルの投資を行い、アメリカの 94.7 億香港ドルを抜いて第 1 位になっている。日系百貨店の香港での市場占有率が 1989 年で既に 40.2％、現在では 50％を超えるといわれている。不動産市場には日系資本が最大の海外投資資本である。また、建設業では熊谷組、西松建設を中心に香港の大型建設プロジェクトを数多く受注している。

　このように、香港ないし「華南経済圏」には外国資本が大量に入っていることで国際政治、経済情勢の変動に影響を受けやすい。なかでも中国とアメリカの関係が香港経済を左右する最大の要因といえる。たとえば、中国に対するアメリカの最恵国待遇更新問題が直接香港の中継貿易に多大な影響を及ぼす問題である。そういう意味では、「華南経済圏」は経済発展が国際政治、経済に密接な関係を持っていながら、政治リスクに弱い一面がある。中台問題を抱えているなど各地域内の諸問題も含めてまだ流動的な要素が多く存在している。経済面では、香港の地価高騰や広東省の産業高度化問題などがあるが、経済全体が良好であり、将来的な経済成長も期待できる。

終　章

　この研究は華人資本、中国系資本の動きを中心に「華南経済圏」の形成背景、要因、内部の経済構造、「華南経済圏」を支える各種企業体の経済活動の実態を検証、分析するのが目的である。別々の角度から五章に分けて検証し、分析を進めてきたが、結論として下記のようにまとめることができる。

　第一に、アジア太平洋地域には、経済のダイナミズムが米国、日本などから投資や貿易を通じて韓国、台湾、香港、シンガポールのアジアNIEs群、さらにASEAN諸国に浸透している。世界の冷戦構造の崩壊とともに、中国やベトナムなど発展途上国は自国の経済発展を目指し、「改革？開放」政策を実施することによって、外国からの投資を積極的に取り入れ、先進国とのリンケージを強める過程でそのダイナミズムを吸収し、経済発展を図っている。発展途上国は先進国の資本、技術を求め、先進国は発展途上国の労働力、市場を求めるという二つの力の合成が、「地域経済圏」の生成に大きな役割を果たしていることを明らかにし、数多くの「地域経済圏」が形成されているなかで、中国華南地域の経済が活性化したことや香港、台湾経済が構造転換期に入ったことは華南地域と香港、台湾の間に潜在していた経済的相互補完関係を顕在化させ、これに歴史的、地理的要因も加わって、「華南経済圏」が形成されてきた点にある。

　第二に、世界経済特にアジア経済における華人資本の重要性が増大している点にある。中国に対する外国直接投資の中に占める華人資本の割合が高い。対中国の直接投資は沿海部特に広東省、福建省、海南省など華南地域に集中

しているが、その主役を務めているのは香港、台湾系華人資本であり、東南アジア華人資本であることがわかった。

　第三に、華南3省に香港、台湾から労働集約型産業の移転が急増した点にある。香港製造業の労働集約部門の華南3省への移転は既に完了期に入っている。台湾は政治的な事情などで現在進行中である。華南地域の直接投資は香港、台湾から一方的に推進されているものではない。中国系資本の香港に対する投資も積極的に行われている。中国系資本は香港に対して最大の投資比重を占めている。台湾にも中国系資本は間接的に進出している。これら双方向的な経済関係は香港、台湾と華南3省との域内貿易を拡大させながら、経済の一体化を進め、「華南経済圏」の形成につながっている。

　第四に、香港と広東省は「華南経済圏」中軸を形成している点にある。香港は中国と外国を結ぶ中継基地であり、華人資本経済活動の中心拠点である。広東省は外国直接投資を受け入れるだけではなく、自らの経済改革、企業努力を通じて、導入した先進技術、経営ノウハウを消化し、省全体の技術水準、生産効率を向上させ、国際市場への輸出と国内市場への「輸出」を拡大することで、産業資本の蓄積に成功し、輸出指向型経済体制を確立しつつある。

　第五に、「華南経済圏」を担っている華人系企業、中資企業、日米欧系企業は独自の経済活動を行う一方、他の企業と提携、協力、資本参加をし、ダイナミックに「華南経済圏」を支えている点にある。これら企業体の経営実態に対する分析は本論文の重要部分を構成している。特に中信泰富を例に中資企業の現状、経営戦略を検証、分析したことに本論文の特色がある。

　「華南経済圏」の問題点、課題は次の点である。（1）華南3省の間の経済格差の問題である。3省のなかで広東省は経済規模、インフラストラクチャーの整備、外国直接投資の受け入れ能力、対外輸出、国内市場における市場占有率などほぼすべての面において他の2省を上回っている。福建省、海南省は経済の基礎的条件が広東省と異なることはいうまでもないが、インフラの整備なしでは、経済発展がありえない。この2省特に福建省にとっては、台湾との「三通」を念頭において産業関連インフラの整備に力を入れるべきであろう。（2）華南3省全体産業間の不均衡発展、特に重工業の未発達、資

源、エネルギーの不足という点である。(3) 世界的な知的所有権保護の流れ
のなかで、「華南経済圏」全体に科学技術の基礎研究、新製品の開発能力が
不足している点も無視してはならない。(4) 香港、台湾、深圳など「華南経
済圏」の中心地域がいずれも地価の高騰、労働者賃金のの上昇に悩まされて
いる。なかでも香港経済は構造的に不動産業への依存度が高く、株式市場に
おいて有力上場企業が不動産業中心であることは、経済の不安定要素であり、
これを認識し、対策を講じなければならない。(5)「華南経済圏」今後の課
題として、政治問題もまた避けては通れないことである。政治リスクに弱い
点は「華南経済圏」の宿命であるが、中台問題の円満解決、中米関係、中英
関係、中日関係の安定が「華南経済圏」全体の経済成長の大前提になる。こ
の点に関しては、今後の研究をしていくなかで、見守って行きたい。

　将来展望としては、政治的、経済的な不確定要素を考えなくてはならない
が、「華南経済圏」各構成地域に存在する強い経済的相互補完的協力関係、
現在進行中の経済一体化、中国の「改革・開放」政策の深化、華南3省の経
済に対する意欲、経済改革への努力など経済面の条件に加え、国際政治的に
は、協調路線が主流となっている。「華南経済圏」は今後も引き続き経済の
一体化が進み、成長していくであろう。

　今後の研究課題としては海南省などの経済状況を調査し直し、「華南経済
圏」の研究を深めて行きたい。なお、中国語の資料を多用し、中国語を日本
語に読み直したものや漢字がなくて手書きで書き直した文字、自ら集めた資
料の場合に出所を明記していないものがあることをことわっておきたい。

（凡例：論文、新聞、週刊誌の場合は「」に、著書、月刊誌の場合は『』にした）。

注

第一章

1. 寺田隆信『永楽帝』、中公文庫、P 127-132。
2. 『岩生成一著『朱印船貿易史の研究』（1958、弘文堂）』を参照。
3. 『矢野仁一著『長崎市史－通航貿易編東洋諸国部』（1938、長崎市）、箭内健次著『長崎』（1959、至文堂）、山脇悌二郎著『長崎の唐人貿易』（1959、吉川弘文館）』を参照。
4. 桃木至朗編『海域アジア史研究入門』（岩波書店，2008 年）
5. 小島毅監修，羽田正編『東アジア海域に漕ぎだす海から見た歴史』（東京大学出版会，2013 年）

第二章

（1）その理由はシンガポール、マレーシア以外の国では公式な統計がなく、不明である。また分類基準もそれぞれ違っている。例えば、1969 年数字で中国の統計年鑑はタイの華人数は 350 万人とし、一方タイ政府の統計では45 万人としている。この極端な違いは、タイ政府の統計ではタイ生まれの「華人」をタイ人として数えていることに原因がある。

（2）桐生　稔「アジア太平洋のパラダイムシフト」坂東　慧ほか編著『成熟世界のパラダイムシフト』啓文社、1992 年 8 月、47 頁.

（3）台湾と福建省を「両岸経済圏」とする説がある。その説は両地域を取り結ぶ経済協力の実態を示すものであるが、一般的にはこの両地域を「華南

経済圏」に含めている。

(4) 日本の政令指定都市に当たる。

(5) その後、自主裁量権限が例外に引き上げられたことがある。例えば、上海市は案件によっては5,000万米ドル、計画単列都市の南京、瀋陽などは3,000万米ドルまで権限がある。

(6)『中国統計年鑑（1996年版）』中国統計出版社の外国投資部分を参照した。

(7) 日米欧など外国資本の香港現地法人を通じての投資も含まれている。

(8)「中国通信」1992年9月16日、13頁.

(9)「中国通信」1992年1月21日、12〜13頁.

(10)「中国通信」1992年1月29日、1頁.

(11)「中国通信」1992年7月17日、3〜4頁.

(12) 現在は「対外貿易経済合作部」に名称が変わっている。

(13)「人民日報」（海外版）1991年3月30日号.

(14)「人民日報」（海外版）1991年3月6日号.

(15)「北京週報」1992年第4期10頁.

(16)「北京週報」1993年第1期37頁.

(17)「経済日報」1992年4月29日号.

(18)「中国通信」1992年9月9日、7〜8頁.

(19)「工商時報」1992年10月24日号.

(20)「人民日報」1992年4月10日号.

(21) 1993年に日本が再び香港を抜いて、第1位となった。これは中国が貿易統計基準を変更したためである。貿易統計は従来の最初仕向地主義から最終仕向地主義に変更したのである。稲恒　清著『香港返還と中国経済』蒼蒼社、1997年、21頁.

第三章

(1) 嶋倉民生『東北アジア経済圏の胎動―東西接近の新フロンティア』アジア経済圏シリーズ、アジア経済研究所1992年、45頁.

（2）本書との関連において、華南経済圏論についての代表的な見解を紹介し、コメントした.

a，経済協力区論：

中国社会科学院アジア太平洋研究所の陸建人博士が「華南経済区は歴史的な原因で三つの地域に分かれている中国人が自国領土における一種の特殊的な経済協力方式であって、これは世界各地に存在する経済ブロックとは訳が違う。国家が分裂している状態での経済協力体制であって、排他的なものではない。これまでは主に民間の力によって推進されてきたもので、現在は自然に相互補完的且つ不可分的な経済協力関係を形成しているところである。まだ自由貿易区域とか、共同市場とかの段階には至っていない。しかし、華南経済一体化の趨勢はもはや止まることはない。80年代以来、大陸、香港、台湾の民間の力によって、華南、香港、台湾の間に相互不可分な経済融合関係が築かれてきた。アジア太平洋地域でもっとも経済成長率が高い経済区になっており、今後5−10年の間に、この経済圏がさらに西南、東北部に拡大していくであろう。西南には広西、海南、東北には上海、浙江、江蘇と結びつき、港、澳、奥、門、台、瓊、桂、浙、滬、蘇からなる広範囲経済協力区になる。この中華経済協力区には、アジア及び世界各地の華人からの投資を吸収し、さらにその経済パワーが内陸部に波及していき、内陸部の経済発展をもたらす。」（出所）『港澳経済』1994年第9期、23頁.

b，局地経済圏論：

経済圏（Localized economic zone）とは、「局地的市場圏」は「大きくとも数カ村程度で、多かれ少なかれ自給自足への傾向を示す一種の商品経済に基づく独自な再生産圏」だとする説がある。華南経済の発展を高く評価している渡辺利夫氏は、華南経済が氏の提唱する「局地経済圏」を代表するモデルだとした。さらに、中国における「局地経済圏」の成熟が「内陸部に扇状に広がる市場的ダイナミズムを作り出す」ことで「国民的統一市場の形成を狙うというのが、考えられる最も速い中国近代化のシナリオ」だと展望している。渡辺氏は「局地経済圏」を「アジアにおける冷戦構造の溶解とともに、アジア社会主義諸国とそれを取り巻く西太平洋諸国との間に潜んでいた

潜在的補完関係が顕在化」したもので、「アクティブな地域主体」だと説明している。つまり氏はポスト冷戦の国や地域の境界を越えた経済発展が、中心地や国全体の政策的な動きというより、周辺部の地方が自然発生的な交易を中心に進んできたことに注目した。「局地経済圏」が「国境を跨って潜在していた諸地域間の経済的補完関係が冷戦構造の溶解とともに顕在化した経済圏」だと規定した。「局地経済圏」の定義にについて渡辺氏が新しく解釈している。発展的な見解だと思う。しかし、「冷戦構造の溶解」が局地経済圏を生み出し、アジア地域の発展をもたらしたという考えは国際政治、経済情勢変化の本質を見落としている部分があるのではないかと思う。冷戦時代にアジアでは日本、ＮＩＥＳなどの国・地域が冷戦体制の崩壊ではなく、冷戦そのものを利用することで発展してきた経緯がある。これらの国・地域の急速な発展が、中国に「改革 _? 開放」路線への転換を迫り、その流れが「冷戦構造の溶解」やソ連の崩壊を導いたと言えよう。つまり、冷戦がアジア地域の発展をもたらし、その発展が冷戦体制を崩壊させたのであり、逆ではない。実際、「局地経済圏」には環日本海経済圏、環黄海経済圏、両岸経済圏、華南経済圏、バーツ経済圏などがいずれも日本、ＮＩＥＳ、ＡＳＥＡＮのタイを中心に置かれている。（出所）渡辺　利夫編著『局地経済圏の時代』（サイマル出版会、1992 年）をもとに筆者がまとめたものである。

　　ｃ，歴史、地政、人脈論：

　日本ではじめて「華南経済圏」という用語を使ったのは故松本　国義氏である。松本氏が、華南地域には歴史的な「経済圏 _? 生活圏」が存在していたことを強調し、それが中国の「改革 _? 開放」政策で復活したと述べている。この地域は多くの華人の出身地でもあって、華人の直接投資を引きつける条件を有していた。また、香港や台湾と大陸との関係を結び付ける場であることも強調された。松本氏の華南経済圏論は中山大学の鄭徳良氏の「華南経済三角区」論を発展させたものである。鄭氏の考えでは、19 世紀末から 20 世紀にかけて、「華南経済三角区」という「経済圏 _? 生活圏」の形成と発展が見られたと指摘した。その１は広州、香港、マカオ；2 は福州、香港、マカオで形成された二つの三角区からなり、それぞれが香港を中心に商品、資本、

技術、人材などの相互交流を進めたと主張している。中国の改革_? 開放政策は具体的には 1979 年から広東省と福建省に「対外経済活動の自主権」付与することで始められた経緯がある。その後もこの「改革_? 開放」政策の展開は華南経済圏との係わりが大きかった。松本氏は、とりわけ 1985 年 2 月に打ち出された三つのデルタ地帯（長江デルタ、福建省南部三角地区、珠江デルタ）の開発に注目し、「その二つが華南の二省に配置されている」のを指摘して「戦略的配置となっている」と強調した。(出所) 松本　国義著『華南経済圏』（ＪＥＴＲＯ、1992 年）をもとに筆者がまとめたものである。

　(3)　1970 年代末に、「落後就要挨打」（時代に遅れたら、侵略されることになる）という標語が中国全土に多く張られ、民族危機意識が強く強調されていた。

　(4)　清水　嘉治「世界経済における三つの地域経済圏の性格と課題〜ＮＡＦＴＡ、ＥＵ．東アジア経済会議（ＥＡＥＣ）を中心にして〜」『商経論叢』第 30 巻第 2 号所収、124 頁．神奈川大学経済学会、1994 年 11 月．

　(5)　松本　国義著『華南経済圏〜近代化中国と華僑〜』ＪＥＴＲＯ叢書、1992 年、15 － 16 頁．

　(6)　ＪＥＴＲＯ「海外直接投資」1994、13 頁．

　(7)　1980 年代に入って、人民公社の解体が進み、人民公社や生産隊に所属していた農村の企業は郷鎮企業と改称され、（郷、鎮は日本の町、村に相当）「改革_? 開放」経済に基づき、発展を図られた。郷鎮企業の業種は農業、工業、商業、建設業、交通運輸、飲食業など多岐に渡るが、その発展が著しく、1994 年には、従業員数 1 億 1，000 万人を突破し、2 億人といわれる農村の余剰人口を吸収している。生産額も過去 10 年間に約 20 倍となり、94 年には、社会総生産額の 4 分の 1、農業総生産額の約 10 の 6、工業総生産額の 10 分の 3 を超え、農民の収入を増大させて、生活水準を高めた。郷鎮企業は市場経済を促進しようとする経済改革の一つの核となっている。95 年以降、郷鎮企業には、大型化、対外関係の強化工業生産額の増大という新しい傾向がみられる。

　(8)　厂長は日本企業の社長、工場長に訳せるが、各企業を厂長個人に任せ

て、独立採算の経営を行う。最大の目玉はその厂長による労働者の採用と解雇である。労働者の質的向上を図り、さらに厂長の裁量によって、ボーナスや奨励金を支給することで、生産意欲を刺激し、生産をあげようというのである。1988 年に「工業企業法」が採択され、厂長は政府の関係部門の委任及び従業員代表大会の選出という、相互の承認を経て選ばれる。企業内の共産党組織の責任者である党委書記と厂長の権限の対立が続いたが、厂長優位の体制が確立されつつある。ただし、党委書記と厂長が同一人物の場合もかなりある。

（9）雷強「香港回帰初期工業走向的幾個問題」『港澳経済』誌 1996 年第 10 期、4 − 5 頁.

（10）黄真「港幣在広東流通的簡況分析」『港澳経済』誌 1995 年第 4 期、37 − 38 頁.

（11）中国の対香港貿易は 1979 年には 35 億 3 千 800 万香港ドルだったが、1990 年 264 億 3 千 700 万香港ドルへと 7.47 倍に伸び、年平均伸び率は 20％に達した。華潤貿易諮詢有限公司編集『香港経済貿易統計　編』1988 年、556 頁.

（12）SOUTH CHINA MORNING POST. 8December 1989.

（13）地場輸出：域内付加価値の比率が 25％以上製品の輸出。

再輸出：域内付加価値の比率が 25％未満製品の輸出。

（14）自由貿易港である香港には外国投資に関する公式統計は存在しないが、香港貿易発展局の発表によれば、1995 年末までに中国系企業約 2,000 社が香港への進出を果たし、中国の香港に対する投資は 250 億米ドルに達している。とりわけ不動産市場では、1993 年までに中国は 150 億米ドルを投入している。そのうち、10％は中国政府、20 − 30％は中国系企業、60 − 70％個人によるものであるとみられる。香港政庁インターネット情報（http：／／www. Info. gov. hk/hkbi/3/stop3 − 1. および http：//www. Info. gov. hk/info/china　1. htm). 沢田ゆかり編『植民地香港の構造変化』アジア経済研究所、1997 年.

第四章

(1) The World Bank Global Economic Prospects And The Developing Countries 1993. Washington D.C. 1993. When China Wakes The Economist. November 28th. 1992. China:The Worlds Next Time May 10, 1993. Beijing Rising, Newsweek February15. 1993.

(2) 1989年春に起きた中国の政治、経済に大きな影を落とした事件である。「中国は改革・開放政策を導入以来、最大な国際的孤立のピンチに立たされた」。涂照彦「ＡＰＥＣと環日本海圏」『東アジアレビュー』1996年7月号.

(3) 中国共産党と国民党との内戦はまず北方で勃発した。そのため南に逃難し、最終的に香港にたどり着く人が多い。また上海などから民族資本家と呼ばれた人達が共産主義を恐れて香港に逃げた。当時のこの実業家達が香港の復興に多大なな貢献をした。今でも香港財界の中心的存在である。

(4) 1978年12月に開かれた中国共産党第11期3中全会で中国経済の対内改革、対外開放のいわゆる「改革_?開放」への政策転換を正式に決定した。これは中国経済の歴史的一大転換点である。

(5) 香港政庁発表の数字である。この節に引用した数字は出所を明記しているもの以外すべてが香港政庁の発表によるものである。

(6) 郭碗容は台湾経済発展の決定的要因について、a. 日本領有時代の基盤。b. 人民の勤勉と政治安定。c．経済政策。d，アメリカ援助と外国資本の4点を挙げ、植民地遺制に一定の評価を与えている。「台湾経済発展一総論」張果為編『台湾経済発展』上冊、正中書局1967年所収119～127頁.

(7) 官営企業の原蓄的機能については、劉進慶著『戦後台湾経済分析』東京大学出版会、1975年、第二章第2～3節を参照した。

(9) 劉進慶「台湾の外資導入と合弁企業」笹本武治、川野重任編『台湾経済総合研究』（上）アジア経済研究所、1968年所収、333～336頁.

(10) 劉進慶「台湾輸出加工区の分析」藤森英男著『アジア諸国の輸出加工区』アジア経済研究所1978年所収を参照した。

(11) 雷氏は後の「海南島自動車事件」で責任を問われ、一県党委書記に

降格されたが、潔白で、有能な幹部ということで、現在も将来有望な幹部として注目されている。ちなみに当時海南省はまだ広東省の一地区であった。

第五章

（1）涂照彦、劉進慶、隅谷三喜男著『台湾の経済』1992 年 7 月、東京大学出版会、133 頁.

（2）涂照彦、劉進慶、隅谷三喜男著『台湾の経済』1992 年 7 月、東京大学出版会、134 頁.

（3）中華徴信所『台湾地区集団企業研究』1985 ／ 86 版、台北、58 頁.

（4）涂照彦、劉進慶、隅谷三喜男著『台湾の経済』1992 年 7 月、東京大学出版会、141 頁.

（5）涂照彦、劉進慶、隅谷三喜男著『台湾の経済』1992 年 7 月、東京大学出版会、142 頁.

（6）中華経済研究院『台湾中小企業行業別発展方向』台北、15 頁.

（7）この問題については、劉進慶「台湾の中小企業問題と国際分業～その華商資本的性格に関する考察～」『アジア経済』第 30 巻第 12 号、1889 年 12 月、63 － 65 頁.

（8）1921 年にインドネシアでナショナリズム運動の端緒形態としてイスラム商人を中心に結成された「イスラム同盟」の結成動機の一つが、華僑伝統的産業として有名なバティク産業に大量に参入してきたことに対して、インドネシア人商人の利益を守ることにあったといわれる。このように華僑の経済活動は民族集団側から見ると、「侵入」とみなされ、それに対する反発は早くから始まっていた。戦後期における反華僑運動は二つの形態がある。直接的、暴力的排除と制度的規制である。

a. 暴力的排除。戦後東南アジア諸国で大小様々な反華僑暴動が起こっているが、1969 年 5 月、マレーシアで総選挙直後にマレー人と華人の間で大規模な衝突が起こり、数百名にのぼる死者を出した悲劇が、その代表に挙げられる。この形態は、比較的に種族融和が進んだとされる現在でも消えてはいない。1994 年にインドネシア・スマトラのメダンで二万人程の労働者が

最低賃金の引き上げ、労働組合の合法化などを要求する集会を開催したが、これは労働者が、政府と経営者に労働条件と待遇の改善を要求するいわば労使紛争であった。しかし、集会参加者の一部が州知事との面会が実現しなかった後、華人経営の商店に投石、翌日さらに大規模な暴動へと発展した。デモに参加した一部の労働者の働く企業の経営者が華人であったことから、雇用主対労働者の労使紛争の図式が、華人対プリブミという図式に転換して、暴力的形態を採ったのである。これはインドネシアの特殊な事情といえなくはないが、「華人スケープゴート論」がいまでも通用することを語る事例である。

b. 制度的規制。国家が華人の排除や制限を目的に制度や法規定を設けるもので、シンガポールを除くすべての国に見られる。うちマレーシアのブミプトラ政策が典型的と言える。ブミプトラ政策の導入後、大学の入学枠や政府役人の採用においてマレー人に特別の優先採用枠が設けられたし、企業の出資金第一に、国民経済全体でマレー人資本の比率を 1990 年までに30％に引き上げる。第二に個別企業の出資金のうち、マレー人の資本が 50％でなければならないとされた。この措置は逆にいえば、華人資本が 100％の企業が禁止されたことを意味する。それだけではなく、一定額以上の資本金と一定数以上の従業員を雇用する企業（外資や華人資本の大中企業）では、一定数のマレー人を雇用することも義務付けられている。マレー人優遇政策は、目的の妥当性は別にして、裏帰せば、華人規制策のことなのである。このような政策は具体的な内容が違いがあるが、タイでも、フィリピンでも、インドネシアでも見られる。

(9) ＴＯＴＯＫ、中国移民の第一世代を中心とする中国語教育を受け、中国語を日常生活用語にする集団のことである。

(10) 土着種族との通婚で生まれた子供や土着化した中国人は、マレーシアでは男性がババ（ＢＡＢＡ）、女性はニョニャ（ＮＹＯＮＹＡ）、インドネシアではプラナカン（ＰＥＲＡＮＡＫＡＮ）、フィリピンではメスティーソ（ＭＥＳＴＩＺＯ）と呼ばれる。

(11) 中国では、同地域出身で、遡って4代ー5代前の先祖が同じ人が同

宗だという意識がある。一般的に姓が同じである。

（12）林江「中国企業在香港的発展及新動向」『港澳経済』1996年第7、8期（合併号）、20頁.

（13）沢田ゆかり編『植民地香港の構造変化』アジア経済研究所、1997年を参照した。

（14）華潤有限公司の小売企業は中芸公司、中国国貨公司、大華国貨公司、華潤スーパーと華潤百貨店がある。

（15）中資銀行は1994年末現在無制限免許16行、有限免許行1行あり、総資産は香港全銀行の10％、預金量は25％、融資残高は7.8％をそれぞれしめている。うち中国銀行グループは13行で、香港＿?マカオに店舗数378、社員数17，000人あまり、香港全銀行貯金残高の20％も占めている。1994年から香港ドルの発券業務に参入しており、香港で香港上海銀行に次ぐ第2位の銀行である。

（16）招商局は香港で環球航業に次ぐ第2位の船オーナー、最大の船修理工場を所有し、コンテナ埠頭建設の投資も行っており、海運業務を全般に渡って行っている。

（17）香港証券取引所に上場している、中国企業が大株主でしかも経営権を握っている銘柄のこと。中国の株式会社が発行する株券は、中国国内で発行された人民元で決済される通称A株と呼ばれる人民元普通株式と、発行対象は現在外国人に限られている決済が米ドルで行われる人民元特種株式に大別される。人民元特種株式は、中国国内の証券取引所で売買される通称B株と、中国国外で流通する株式に二分される。後者の株式は、上場した証券取引所の頭文字を取って通称される。たとえば、香港証券取引所の場合はH株、ニューヨーク証券取引所の場合はN株と呼ばれている。レッドチップとは、広義ではこのH株と中国資本に支配されているその他の会社が香港証券取引所で発行した証券の総称であるが、狭義ではH株を含まない中国系企業の株式を指す。今年6月に香港証券取引所に上場したBei－jing　Enterprise社（北京　股公司）のH株はこのレッドチップにあたるが、香港史上最高の約1，300倍の公募倍率を記録した。

脚　注

1. 寺田隆信『永楽帝』、中公文庫、P 127-132。

2. 『岩生成一著『朱印船貿易史の研究』（1958、弘文堂）』を参照。

3. 『矢野仁一著『長崎市史－通航貿易編東洋諸国部』（1938、長崎市）、箭内健次著『長崎』（1959、至文堂）、山脇悌二郎著『長崎の唐人貿易』（1959、吉川弘文館）』を参照。

4. その理由はシンガポール、マレーシア以外の国では公式な統計がなく、不明である。また分類基準もそれぞれ違っている。例えば、１９６９年数字で中国の統計年鑑はタイの華人数は３５０万人とし、一方タイ政府の統計では４５万人としている。この極端な違いは、タイ政府の統計ではタイ生まれの「華人」をタイ人として数えていることに原因がある。

5. 桐生　稔「アジア太平洋のパラダイムシフト」坂東　慧ほか編著『成熟世界のパラダイムシフト』啓文社、１９９２年８月、４７頁。

6. 中国台湾と福建省を「両岸経済圏」とする説がある。その説は両地域を取り結ぶ経済協力の実態を示すものであるが、一般的にはこの両地域を「華南経済圏」に含めている。

7. 日本の政令指定都市に当たる。

8. その後、自主裁量権限が例外に引き上げられたことがある。例えば、上海市は案件によっては５，０００万米ドル、計画単列都市の南京、瀋陽などは３，０００万米ドルまで権限がある。

9. 『中国統計年鑑（１９９６年版）』中国統計出版社の外国投資部分を参

照した。

10. 日米欧など外国資本の香港現地法人を通じての投資も含まれている。

11. 「中国通信」１９９２年９月１６日、１３頁。

12. 「中国通信」１９９２年１月２１日、１２〜１３頁。

13. 「中国通信」１９９２年１月２９日、１頁。

14. 「中国通信」１９９２年７月１７日、３〜４頁。

15. 「中国通信」１９９２年７月１７日、３〜４頁。

16. その後「対外貿易経済合作部」に名称が変わっている。

17. 「人民日報」（海外版）１９９１年３月３０日号。

18. 「人民日報」（海外版）１９９１年３月６日号。

19. 「北京週報」１９９２年第４期１０頁。

20. 「北京週報」１９９３年第１期３７頁。

21. 「経済日報」１９９２年４月２９日号。

22. 「中国通信」１９９２年９月９日、７〜８頁。

23. 「工商時報」１９９２年１０月２４日号。

24. 「人民日報」１９９２年４月１０日号。

25. １９９３年に日本が再び香港を抜いて、第１位となった。これは中国
が貿易統計基準を変更したためである。貿易統計は従来の最初仕向地主義か
ら最終仕向地主義に変更したのである。稲恒　清著『香港返還と中国経済』
蒼蒼社、１９９７年、２１頁。

26. 嶋倉民生『東北アジア経済圏の胎動ー東西接近の新フロンティア』ア
ジア経済圏シリーズ、アジア経済研究所１９９２年、４５頁。

27. １９７０年代末に、「落後就要挨打」（時代に遅れたら、侵略されるこ
とになる）という標語が中国全土に多く張られ、民族危機意識が強く強調さ
れていた。

28. 清水嘉治「世界経済における三つの地域経済圏の性格と課題〜ＮＡＦ
ＴＡ、ＥＵ．東アジア経済会議（ＥＡＥＣ）を中心にして〜」『商経論叢』
第３０巻第２号所収、１２４頁．神奈川大学経済学会、１９９４年１１月。

29. 松本国義著『華南経済圏〜近代化中国と華僑〜』ＪＥＴＲＯ叢書、

１９９２年、１５－１６頁。

30. ＪＥＴＲＯ「海外直接投資」１９９４、１３頁。

31. 雷強「香港回帰初期工業走向的幾個問題」『港澳経済』誌１９９６年第１０期、４－５頁。

32. 黄真「港幣在広東流通的簡況分析」『港澳経済』誌１９９５年第４期、３７－３８頁。

33. 中国の対香港貿易は１９７９年には３５億３千８００万香港ドルだったが、１９９０年２６４億３千７００万香港ドルへと７．４７倍に伸び、年平均伸び率は２０％に達した。華潤貿易諮詢有限公司編集『香港経済貿易統計　編』１９８８年、５５６頁。

34. ＳＯＵＴＨ　ＣＨＩＮＡ　ＭＯＲＮＩＮＧ　ＰＯＳＴ．8December１９８９。

35. 地場輸出：域内付加価値の比率が２５％以上製品の輸出。再輸出：域内付加価値の比率が２５％未満製品の輸出。

36. The World Bank Global Economic Prospects And The Developing Countries 1993. Washington D. C. 1993. When China Wakes The Economist. November 28th. 1992. China:The Worlds Next Time May 10, 1993. Beijing Rising, Newsweek February15. 1993.

37. 中国共産党と国民党との内戦はまず北方で勃発した。そのため南に逃難し、最終的に香港にたどり着く人が多い。また上海などから民族資本家と呼ばれた人達が共産主義を恐れて香港に逃げた。当時のこの実業家達が香港の復興に多大なな貢献をした。今でも香港財界の中心的存在である。

38. １９７８年１２月に開かれた中国共産党第１１期３中全会で中国経済の対内改革、対外開放のいわゆる「改革・開放」への政策転換を正式に決定した。これは中国経済の歴史的一大転換点である。

39. 香港政庁発表の数字である。この節に引用した数字は出所を明記しているもの以外すべてが香港政庁の発表によるものである。

40. 郭碗容は台湾経済発展の決定的要因について、ａ．日本領有時代の

基盤。ｂ．人民の勤勉と政治安定。ｃ．経済政策。ｄ，アメリカ援助と外
国資本の４点を挙げ、植民地遺制に一定の評価を与えている。「台湾経済
発展－総論」張果為編『台湾経済発展』上冊、正中書局１９６７年所収
１１９～１２７頁。

　41. 官営企業の原蓄的機能については、劉進慶著『戦後台湾経済分析』東
京大学出版会、１９７５年、第二章第２～３節を参照した。

　42. 劉進慶「台湾の外資導入と合弁企業」笹本武治、川野重任編『台湾経
済総合研究』（上）アジア経済研究所、１９６８年所収、３３３～３３６頁。

　43. 劉進慶「台湾輸出加工区の分析」藤森英男著『アジア諸国の輸出加工
区』アジア経済研究所１９７８年所収を参照した。

　44. 雷氏は後の「海南島自動車事件」で責任を問われ、一県党委書記に降
格されたが、潔白で、有能な幹部ということで、現在も将来有望な幹部とし
て注目されている。ちなみに当時海南省はまだ広東省の一地区であった。

　45. 涂照彦、劉進慶、隅谷三喜男著『台湾の経済』１９９２年７月、東京
大学出版会、１３３頁。

　46. 涂照彦、劉進慶、隅谷三喜男著『台湾の経済』１９９２年７月、東京
大学出版会、１３４頁。

　47. 中華徴信所『台湾地区集団企業研究』１９８５／８６版、台北、５８頁。

　48. 涂照彦、劉進慶、隅谷三喜男著『台湾の経済』１９９２年７月、東京
大学出版会、１４１頁。

　49. 涂照彦、劉進慶、隅谷三喜男著『台湾の経済』１９９２年７月、東京
大学出版会、１４２頁。

　50. 中華経済研究院『台湾中小企業行業別発展方向』台北、１５頁。

　51. この問題については、劉進慶「台湾の中小企業問題と国際分業～そ
の華商資本的性格に関する考察～」『アジア経済』第３０巻第１２号、
１８８９年１２月、６３－６５頁。

　52. ＴＯＴＯＫ、中国移民の第一世代を中心とする中国語教育を受け、中
国語を日常生活用語にする集団のことである。

　53. 土着種族との通婚で生まれた子供や土着化した中国人は、マレーシア

では男性がババ（ＢＡＢＡ）、女性はニョニャ（ＮＹＯＮＹＡ）、インドネシアではプラナカン（ＰＥＲＡＮＡＫＡＮ）、フィリピンではメスティーソ（ＭＥＳＴＩＺＯ）と呼ばれる。

54. 中国では、同地域出身で、遡って４代ー５代前の先祖が同じ人が同宗だという意識がある。一般的に姓が同じである。

55. 林江「中国企業在香港的発展及新動向」『港澳経済』１９９６年第７、８期（合併号）、２０頁。

56. 沢田ゆかり編『植民地香港の構造変化』アジア経済研究所、１９９７年を参照した。

57. 華潤有限公司の小売企業は中芸公司、中国国貨公司、大華国貨公司、華潤スーパーと華潤百貨店がある。

58. 中資銀行は１９９４年末現在無制限免許１６行、有限免許行１行あり、總資産は香港全銀行の１０％、預金量は２５％、融資残高は７．８％をそれぞれしめている。うち中国銀行グループは１３行で、香港・マカオに店舗数３７８、社員数１７，０００人あまり、香港全銀行貯金残高の２０％も占めている。１９９４年から香港ドルの発券業務に参入しており、香港で香港上海銀行に次ぐ第２位の銀行である。

59. 招商局は香港で環球航業に次ぐ第２位の船オーナー、最大の船修理工場を所有し、コンテナ埠頭建設の投資も行っており、海運業務を全般に渡って行っている。

尾　注

（1）本書との関連において、華南経済圏論についての代表的な見解を紹介し、コメントした.

　a，経済協力区論:

　　中国社会科学院アジア太平洋研究所の陸建人博士が「華南経済区は歴史的な原因で三つの地域に分かれている中国人が自国領土における一種の特殊的な経済協力方式であって、これは世界各地に存在する経済ブロックとは訳が違う。国家が分裂している状態での経済協力体制であって、排他的なものではない。これまでは主に民間の力によって推進されてきたもので、現在は自然に相互補完的且つ不可分的な経済協力関係を形成しているところである。まだ自由貿易区域とか、共同市場とかの段階には至っていない。しかし、華南経済一体化の趨勢はもはや止まることはない。80年代以来、大陸、香港、台湾の民間の力によって、華南、香港、台湾の間に相互不可分な経済融合関係が築かれてきた。アジア太平洋地域でもっとも経済成長率が高い経済区になっており、今後5－10年の間に、この経済圏がさらに西南、東北部に拡大していくであろう。西南には広西、海南、東北には上海、浙江、江蘇と結びつき、港、澳、奥、門、台、瓊、桂、浙、滬、蘇からなる広範囲経済協力区になる。この中華経済協力区には、アジア及び世界各地の華人からの投資を吸収し、さらにその経済パワーが内陸部に波及していき、内陸部の経済発展をもたらす。」

　（出所）『港澳経済』1994年第9期、23頁。

　ｂ，局地経済圏論：

　経済圏（Localized　economic　zone）とは、「局地的市場圏」は「大きくとも数カ村程度で、多かれ少なかれ自給自足への傾向を示す一種の商品経済に基づく独自な再生産圏」だとする説がある。華南経済の発展を高く評価している渡辺利夫氏は、華南経済が氏の提唱する「局地経済圏」を代表するモデルだとした。さらに、中国における「局地経済圏」の成熟が「内陸部に扇状に広がる市場的ダイナミズムを作り出す」ことで「国民的統一市場の形成を狙うというのが、考えられる最も速い中国近代化のシナリオ」だと展望している。渡辺氏は「局地経済圏」を「アジアにおける冷戦構造の溶解とともに、アジア社会主義諸国とそれを取り巻く西太平洋諸国との間に潜んでいた潜在的補完関係が顕在化」したもので、「アクティブな地域主体」だと説明している。つまり氏はポスト冷戦の国や地域の境界を越えた経済発展が、中心地や国全体の政策的な動きというより、周辺部の地方が自然発生的な交易を中心に進んできたことに注目した。「局地経済圏」が「国境を跨って潜在していた諸地域間の経済的補完関係が冷戦構造の溶解とともに顕在化した経済圏」だと規定した。「局地経済圏」の定義ににについて渡辺氏が新しく解釈している。発展的な見解だと思う。しかし、「冷戦構造の溶解」が局地経済圏を生み出し、アジア地域の発展をもたらしたという考えは国際政治、経済情勢変化の本質を見落としている部分があるのではないかと思う。冷戦時代にアジアでは日本、ＮＩＥＳなどの国・地域が冷戦体制の崩壊ではなく、冷戦そのものを利用することで発展してきた経緯がある。これらの国・地域の急速な発展が、中国に「改革・開放」路線への転換を迫り、その流れが「冷戦構造の溶解」やソ連の崩壊を導いたと言えよう。つまり、冷戦がアジア地域の発展をもたらし、その発展が冷戦体制を崩壊させたのであり、逆ではない。実際、「局地経済圏」には環日本海経済圏、環黄海経済圏、両岸経済圏、華南経済圏、バーツ経済圏などがいずれも日本、ＮＩＥＳ、ＡＳＥＡＮのタイを中心に置かれている。

　（出所）渡辺　利夫編著『局地経済圏の時代』（サイマル出版会、1992年）をもとに筆者がまとめたものである。

　　ｃ，歴史、地政、人脈論：

　日本ではじめて「華南経済圏」という用語を使ったのは故松本　国義氏である。松本氏が、華南地域には歴史的な「経済圏・生活圏」が存在していたことを強調し、それが中国の「改革＿?開放」政策で復活したと述べている。この地域は多くの華人の出身地でもあって、華人の直接投資を引きつける条件を有していた。また、香港や台湾と大陸との関係を結び付ける場であることも強調された。松本氏の華南経済圏論は中山大学の鄭徳良氏の「華南経済三角区」論を発展させたものである。鄭氏の考えでは、１９世紀末から２０世紀にかけて、「華南経済三角区」という「経済圏・生活圏」の形成と発展が見られたと指摘した。その１は広州、香港、マカオ；２は福州、香港、マカオで形成された二つの三角区からなり、それぞれが香港を中心に商品、資本、技術、人材などの相互交流を進めたと主張している。中国の改革・開放政策は具体的には１９７９年から広東省と福建省に「対外経済活動の自主権」付与することで始められた経緯がある。その後もこの「改革・開放」政策の展開は華南経済圏との係わりが大きかった。松本氏は、とりわけ１９８５年２月に打ち出された三つのデルタ地帯（長江デルタ、福建省南部三角地区、珠江デルタ）の開発に注目し、「その二つが華南の二省に配置されている」のを指摘して「戦略的配置となっている」と強調した。

　　（出所）松本　国義著『華南経済圏』（ＪＥＴＲＯ、１９９２年）をもとに筆者がまとめたものである。（２）１９８０年代に入って、人民公社の解体が進み、人民公社や生産隊に所属していた農村の企業は郷鎮企業と改称され、（郷、鎮は日本の町、村に相当）「改革・開放」経済に基づき、発展を図られた。郷鎮企業の業種は農業、工業、商業、建設業、交通運輸、飲食業など多岐に渡るが、その発展が著しく、１９９４年には、従業員数１億１，０００万人を突破し、２億人といわれる農村の余剰人口を吸収している。生産額も過去１０年間に約２０倍となり、９４年には、社会総生産額の４分の１、農業総生産額の約１０の６、工業総生産額の１０分の３を超え、農民の収入を増大させて、生活水準を高めた。郷鎮企業は市場経済を促進しようとする経済改革の一つの核となっている。９５年以降、郷鎮企業には、大型化、対外関係

の強化工業生産額の増大という新しい傾向がみられる。

　(3)「厂長」は日本企業の社長、工場長に訳せるが、各企業を厂長個人に任せて、独立採算の経営を行う。最大の目玉はその厂長による労働者の採用と解雇である。労働者の質的向上を図り、さらに厂長の裁量によって、ボーナスや奨励金を支給することで、生産意欲を刺激し、生産をあげようというのである。１９８８年に「工業企業法」が採択され、厂長は政府の関係部門の委任及び従業員代表大会の選出という、相互の承認を経て選ばれる。企業内の共産党組織の責任者である党委書記と厂長の権限の対立が続いたが、厂長優位の体制が確立されつつある。ただし、党委書記と厂長が同一人物の場合もかなりある。

　(4)　自由貿易港である香港には外国投資に関する公式統計は存在しないが、香港貿易発展局の発表によれば、１９９５年末までに中国系企業約２，０００社が香港への進出を果たし、中国の香港に対する投資は２５０億米ドルに達している。とりわけ不動産市場では、１９９３年までに中国は１５０億米ドルを投入している。そのうち、１０％は中国政府、２０－３０％は中国系企業、６０－７０％個人によるものであるとみられる。香港政庁インターネット情報（ｈｔｔｐ：／／ｗｗｗ．Ｉｎｆｏ．ｇｏｖ．ｈｋ／ｈｋｂｉ／３／ｓｔｏｐ３－１．およびｈｔｔｐ：／／ｗｗｗ．Ｉｎｆｏ．ｇｏｖ．ｈｋ／ｉｎｆｏ／ｃｈｉｎａ　１．ｈｔｍ）．沢田ゆかり編『植民地香港の構造変化』アジア経済研究所、１９９７年。

　(5)　１９２１年にインドネシアでナショナリズム運動の端緒形態としてイスラム商人を中心に結成された「イスラム同盟」の結成動機の一つが、華僑伝統的産業として有名なバティック産業に大量に参入してきたことに対して、インドネシア人商人の利益を守ることにあったといわれる。このように華僑の経済活動は民族集団側から見ると、「侵入」とみなされ、それに対する反発は早くから始まっていた。戦後期における反華僑運動は二つの形態がある。直接的、暴力的排除と制度的規制である。

　ａ．暴力的排除。戦後東南アジア諸国で大小様々な反華僑暴動が起こっているが、１９６９年５月、マレーシアで総選挙直後にマレー人と華人の間で

大規模な衝突が起こり、数百名にのぼる死者を出した悲劇が、その代表に挙げられる。この形態は、比較的に種族融和が進んだとされる現在でも消えてはいない。１９９４年にインドネシア＿？スマトラのメダンで二万人程の労働者が最低賃金の引き上げ、労働組合の合法化などを要求する集会を開催したが、これは労働者が、政府と経営者に労働条件と待遇の改善を要求するいわば労使紛争であった。しかし、集会参加者の一部が州知事との面会が実現しなかった後、華人経営の商店に投石、翌日さらに大規模な暴動へと発展した。デモに参加した一部の労働者の働く企業の経営者が華人であったことから、雇用主対労働者の労使紛争の図式が、華人対プリブミという図式に転換して、暴力的形態を採ったのである。これはインドネシアの特殊な事情といえなくはないが、「華人スケープゴート論」がいまでも通用することを語る事例である。

　ｂ．制度的規制。国家が華人の排除や制限を目的に制度や法規定を設けるもので、シンガポールを除くすべての国に見られる。うちマレーシアのブミプトラ政策が典型的と言える。ブミプトラ政策の導入後、大学の入学枠や政府役人の採用においてマレー人に特別の優先採用枠が設けられたし、企業の出資金第一に、国民経済全体でマレー人資本の比率を１９９０年までに３０％に引き上げる。第二に個別企業の出資金のうち、マレー人の資本が５０％でなければならないとされた。この措置は逆にいえば、華人資本が１００％の企業が禁止されたことを意味する。それだけではなく、一定額以上の資本金と一定数以上の従業員を雇用する企業（外資や華人資本の大中企業）では、一定数のマレー人を雇用することも義務付けられている。マレー人優遇政策は、目的の妥当性は別にして、裏帰せば、華人規制策のことなのである。このような政策は具体的な内容が違いがあるが、タイでも、フィリピンでも、インドネシアでも見られる。

　（6）香港証券取引所に上場している、中国企業が大株主でしかも経営権を握っている銘柄のこと。中国の株式会社が発行する株券は、中国国内で発行された人民元で決済される通称Ａ株と呼ばれる人民元普通株式と、発行対象は現在外国人に限られている決済が米ドルで行われる人民元特種株式に大別

される。人民元特種株式は、中国国内の証券取引所で売買される通称Ｂ株と、中国国外で流通する株式に二分される。後者の株式は、上場した証券取引所の頭文字を取って通称される。たとえば、香港証券取引所の場合はＨ株、ニューヨーク証券取引所の場合はＮ株と呼ばれている。レッドチップとは、広義ではこのＨ株と中国資本に支配されているその他の会社が香港証券取引所で発行した証券の総称であるが、狭義ではＨ株を含まない中国系企業の株式を指す。今年６月に香港証券取引所に上場したＢｅｉ－ｊｉｎｇ　Ｅｎｔｅｒｐｒｉｓｅ社（北京控股公司）のＨ株はこのレッドチップにあたるが、香港史上最高の約１，３００倍の公募倍率を記録した。

参考文献

（以下参考文献の表示は、出版年次順に排列したものである。）

日本語文献

[1] 外務省アジア局編『香港・マカオ』日本国際問題研究所、1965 年.

[2] リチャード・ヒューズ著『香港〜主人公なき都市〜』中嶋嶺雄訳、タイム・ライフ・
インターナショナル社、1968 年.

[3] 小林進編『香港の工業化』アジア経済研究所、1970 年.

[4] 小泉允雄編著『香港〜中国の軒下で栄える資本主義〜』日経新書, 1971 年.

[5] 清水嘉治著『現代資本主義と資本輸出』新評論、1973 年.

[6] 宮田満著『香港工業の発展と構造』アジア経済研究所、1976 年.

[7] 丘永漢著『香港の挑戦〜日本経済人への警告〜』中央公論社、1981 年.

[8] 富岡倍雄・梶村秀樹編『発展途上経済の研究』世界書院、1982 年.

[9] 饒余慶　李縄毅著『アジアの金融市場』中島 _ 崇行訳、東洋経済新報社、1982 年.

[10] 清水嘉治著『世界経済の新構図』新評論、1983 年.

[11] 鳥尾伸三著『香港市民生活見聞』新潮文庫、1984 年.

[12] 中園和仁著『香港をめぐる英中関係』アジア政経学会、1984 年.

[13] 中野謙二著『2001 年の香港』日本放送出版協会、1985 年.

[14] 岡田晃著『香港〜過去・現在・将来〜』岩波書店、1985 年.

[15] 小林進編『香港と中国』アジア経済研究所、1985 年.

[16] 孫尚清　竹内宏著『路地裏の中国経済』日本経済新聞社、1985 年.

［17］三菱総合研究所『香港コンフィデンシャル～中国市場の光と影～』蒼蒼社、1986 年.

［18］清水　嘉治著『世界経済の再建：恐慌回避の経済政策』新評論、1987 年.

［19］アンソニー・ローリイ著『アジアの株式市場』石崎一二訳、日本経済新聞社、1987 年.

［20］神戸新聞社編『素顔の華僑～逆境に耐える力～』人文書院、1987 年.

［21］坂井秀吉　小島末夫著『香港・台湾の経済変動』アジア経済研究所、1988 年.

［22］大野静二著『"難関"に立つ中国経済』日本放送出版協会、1988 年.

［23］経済安全保障問題研究会編『中国開放経済最前線』、出版会、1989 年.

［24］山懸裕一郎著『東アジア経済圏の 90 年代を読む』東洋経済新聞社、1989 年.

［25］清水嘉治著『市民世界の経済学：世界経済と経済政策』汐文社、1989 年.

［26］渡辺利夫著『アジア経済をどう捉えるか』日本放送出版協会、1989 年.

［27］江頭数馬著『中国の経済革命と現実』学文社、1990 年.

［28］石崎昭彦著『日米経済の逆転』東京大学出版会、1990 年.

［29］涂照彦著『東洋資本主義』講談社、1990 年.

［30］岩崎育夫著『シンガポールの華人系企業集団』アジア経済研究所、1990 年.

［31］清水嘉治著『転機にたつ世界経済』新評論、1991 年.

［32］渡辺長雄著『混迷する中国経済』有斐閣、1991 年.

［33］可児弘明著『香港及び香港問題の研究』東方書店、1991 年.

［34］河地重義・藤本昭著『アジアの中の中国経済』世界思想社、1991 年.

［35］上野秀夫『北京週報』1991 年 18 期、北京週報社、1991 年.

［36］清水嘉治著「中国大連上海の社会経済発展について」、『商経論叢』神奈川大学
経済学会、1992 年.

［37］可見　弘明編『香港』弘文堂、1992 年.

［38］野村総研（香港）『香港と華人経済圏』、日本能率協会マネージメントセンター、1992 年.

［39］渡辺利夫・足立文彦著『図説アジア経済』日本評論社、1992 年.

［40］渡辺利夫編著『局地経済圏の時代』サイマル出版会、1992 年.

［41］松本国義著『華南経済圏～近代化中国と華僑～』ＪＥＴＲＯ、1992 年.

［42］小島朋之著『中国が香港になる日～統一か分裂か～』時事通信社 _?1992 年.

［43］原洋之介著『アジア経済論の構図』リブロポート社、1992 年.

［44］劉進慶・涂照彦・隅谷三喜雄著『台湾の経済』東京大学出版会、1992 年.

［45］ 渡辺利夫編『華南経済圏〜中国改革・開放最前線〜』勁草書房、1993 年.

［46］ 今井理之編著『中国経済〜市場経済化の実態〜』日本経済新聞社、1993 年.

［47］ リチャード・Y・K・ホーロバート・H・スコット編著『香港の金融制度』香港金融研究会訳、K・A・ウォン（社団法人）金融財政事情研究会、1993 年.

［48］『台湾工業年鑑（1993／94 年版）』台湾産業研究所出版、1993 年.

［49］『台湾工業年鑑（1996／97 年版)』台湾産業研究所出版、1996 年.

［50］ 栗林純夫編著『中国の地域経済〜沿海から内陸へ〜』ＪＥＴＲＯ_?1994 年.

［51］ 中川　信義編『アジア_? 北米経済圏と新工業化』東京大学出版会、1994 年.

［52］ 野村総研（香港）編『香港と中国〜融合する華人経済圏〜』、日本能率協会マネジメントセンター、1994 年.

［53］ 世界銀行著『東アジアの奇跡〜経済成長と政府の役割〜、白鳥正喜監訳／海外経済協力基金開発問題研究会訳、1994 年.

［54］ 斉藤優・西川潤・中内恒夫編著『東アジアの開発と協力』文眞堂、1994 年.

［55］ 森幹男編著『香港＆華南』ＪＥＴＲＯ、1994 年.

［56］ 中国研究所編『中国統計年鑑（1995 年）』大修館書店、1996 年.

［57］ 速水佑次郎著『開発経済学〜諸国民の貧困と富〜』創文社、1995 年.

［58］ 藤原弘著『華南への企業進出〜昨日・今日・明日〜』ＪＥＴＲＯ、1995 年.

［59］ 金弘汎著『中国経済圏』サイマル出版会、1995 年.

［60］ 涂照彦著『台湾からアジアのすべてが見える』時事通信社、1995 年.

［61］ 清水嘉治著『世界経済の統合と再編』新評論、1996 年.

［62］ 野村総研・東京国際研究クラブ編『アジア諸国の産業発展戦略』、野村総合研究所、1996 年.

［63］ 三井物産貿易経済研究所、中国改革発展研究院編『日本が見た・中国が見た東アジア経済』、日本能率協会マネジメントセンター、1996 年.

［64］ 日本証券経済研究所編『中国・香港の証券市場』、日本証券経済研究所、1996 年.

［65］ 稲恒　清著『香港返還と中国経済』蒼蒼社、1997 年.

［66］ 沢田ゆかり編『植民地香港の構造変化』アジア経済研究所、1997 年.

［67］ 朱炎著『1997 年変わる香港経済・変わらない香港経済』、東洋経済新報社、1997 年.

［68］ 市川周「東アジアの相克〜華人・非華人〜」、『国際金融』（1997.5.1）、1997 年.

［69］吉村直子「香港の証券規制と中国系企業の株式」、『国際商事法務』Vol. 25, NO. 8 (1997)、1997 年.

［70］涂照彦著「アジア通貨によるアジアの時代の到来」、日本経済研究センター会報 1997. 9. 15、1997 年.

［71］涂照彦著『香港台湾大中国～スリ・チャイナの新世紀が来る、～』、時事通信社、1997 年.

［72］桃木至朗編『海域アジア史研究入門』（岩波書店，2008 年）

［73］小島毅監修, 羽田正編『東アジア海域に漕ぎだす海から見た歴史』（東京大学出版会, 2013 年）

中国語文献

［1］進出口業務編写組編『国際貿易慣例与規則　編』、中国財政経済出版社、1980 年.

［2］許篠新著『中国国民経済的改革』中国社会科学出版社、1982 年.

［3］『中国経済年鑑（中文海外版 1982)』北京経済管理雑誌社、1982 年.

［4］魏永理著『中国近代経済史綱』甘粛人民出版社、1983 年.

［5］『中国貿易物価統計資料（1952-1983』中国統計出版社、1984 年.

［6］中国財政与金融編写組編『中国財政与金融』北京大学出版社、1985 年.

［7］銭伯海主編『国民経済学』中国財政経済出版社、1985 年.

［8］経済科技社会発展戦略文集編写組編『経済科技社会発展戦略文集』、中国社会 科学出版社、1985 年.

［9］中国経済体制改革研究会編『経済体制改革報告』経済科学出版社、1985 年.

［10］猿振宇・金仁雄著『国営企業利改税』中国財政経済出版社、1985 年.

［81］第三次全国中心城市理論会秘書処編『城市的体制改革与流通中心作用』、中国展望 出版社、1985 年.

［12］全国企業整頓領導小組弁公室。

［13］国家経済委員会企業管理局編『改革企業領導制度実行厂長負責制』、能源出版社、 1986 年.

［14］姜秉正著『香港問題の始末』陝西人民出版社、1987 年.

［15］鄭徳良著『現代香港経済』中国財経出版社、1987 年.

[16] 華潤貿易諮詢有限公司編集『香港経済貿易統計編』(1947-1987 各年版)、華潤貿易諮詢有限公司、1988 年.

[17] 中国社会科学院・中央档案館編『中華人民共和国経済档案選編』、中国城市経済社会出版社、1989 年.

[18] 国家統計局城市社会経済調査隊編『中国城鎮居民家庭収支調査資料』、中国統計出版社、1989 年.

[19]『中国経済特区与沿海経済技術開発区 (1980 － 1989)』、改革出版社、1991 年.

[20] 海南省人民政府社会経済発展研究中心・海南高科技産業国際合作中心編『海南年鑑 (1990)』、新華出版社、1990 年.

[21] 戴圓晨・方留碧等著『中国経済新論』中国社会科学出版社、1990 年.

[22] 厉以寧著『非均衡的中国経済』経済日報出版社、1991 年.

[23]『中国投資総覧』中信出版社、1991 年.

[24] 深圳市統計局編『深圳統計年鑑 (1991)』中国統計出版社、1991 年.

[25]『深圳経済特区年鑑 (1991)』広東人民出版社、1991 年.

[26]『中華人民共和国渉外法規滙編』(1949 － 1990 各年版)、中国国務院法制局編集出版、1991 年.

[27]『中国城市統計年鑑 (1992)』中国統計出版社、1992 年.

[28] 王琢著「広東省的改革開放和経済発展」、『中国社会科学』1993 年第 4 期、1993 年.

[29]『中国三資企業博覧』(全 4 冊) 京華出版社、1993 年.

[30]『広東年鑑』1987-1995 各年版、広東年鑑社、1987 － 1995 年.

[31]『中国統計年鑑』1979-1996 各年版、中国統計出版社、1979 － 1996 年.

[32]『中国対外経済貿易年鑑』1979-1996 各年版、中国社会出版社、1979 － 1996 年.

[33]『広州年鑑』1980-1996 各年版、広州年鑑社、1980 － 1996 年.

[34]『香港経済年鑑』1978-1996 各年版、経済導報社各年編集出版、1978 － 1996 年.

[35]『中国経済科学年鑑』1980-1996 各年版、経済科学出版社、1980 － 1996 年.

[36] 王洛林、江小涓著「中国的外資引進与経済発展」、『中国社会科学』1997 年第 5 期、1997 年.